Der tote Richter
und andere (Mord)-Geschichten

Danksagung

Zunächst bedanke ich mich bei meinen Kolleginnen und Kollegen und allen weiteren Mitarbeiterinnen und Mitarbeitern, die mich bei meiner langjährigen Tätigkeit in der Berliner Justiz unterstützt haben und ohne deren Mitwirken ich nicht hätte erfolgreich arbeiten können. Insbesondere möchte ich die Richterkolleginnen Margrit Schröder und Susanne Pfefferkorn nennen, die mir über viele Jahre gemeinsamer Arbeit kompetente und sympathische Mitstreiterinnen waren. Dankend erwähnen möchte ich auch meine beiden langjährigen Geschäftstellenleiterinnen Heidi Kaul und Sylvia Kulka sowie meine treue Wachtmeisterin Andrea Fels; auch deren Mitwirken war Voraussetzung für eine zügige und effektive Arbeit in der Strafjustiz. Schließlich und ganz besonders möchte ich mich bei meiner Frau Gesa-Mariette bedanken, die mich vom ersten Tag meiner beruflichen Tätigkeit an wohlwollend-kritisch und mit vielen hilfreichen Anregungen aus ihrer Sicht als Pädagogin begleitet hat; leider konnte sie das Ende meiner Richterlaufbahn nicht mehr miterleben. Letztendlich danke ich meiner Freundin und Kollegin Gisela Hampel, die mich zum einen in dem Entschluss, dieses Buch zu schreiben, bestärkt hat, und zum anderen durch konzentriertes Korrekturlesen wertvolle Hilfe geleistet hat.

Helmut Schweckendieck

Der tote Richter

und andere (Mord)-Geschichten

Tatsachenberichte eines Berliner
Strafkammervorsitzenden

Bibliografische Information der Deutschen Nationalbibliothek:
Die Deutsche Nationalbibliothek verzeichnet diese Publikation in der
Deutschen Nationalbibliografie; detaillierte bibliografische Daten sind im
Internet über dnb.dnb.de abrufbar.

© 2019 **Helmut Schweckendieck**
Satz, Umschlaggestaltung, Herstellung und Verlag:
BoD – Books on Demand, Norderstedt
ISBN 978-3-7481-1835-0

Inhaltsverzeichnis

Vorwort

Nahezu 38 Jahre war ich in der Berliner Justiz tätig. In dieser Zeit habe ich drei Bundeskanzler und eine Bundeskanzlerin, vier Landgerichtspräsidenten und eine Landgerichtspräsidentin sowie sage und schreibe elf Justizsenatoren und vier Justizsenatorinnen (ich achte jedenfalls im Vorwort auf political correctness, auch wenn das den Text verlängert) erlebt.

Von den fast vier Jahrzehnten im Berliner Justizdienst habe ich rund dreiunddreißig Jahre als Richter in den „Heiligen Hallen von Moabit" im altehrwürdigen Kriminalgericht in der Turmstraße verbracht. Ich habe dort zunächst als Berufsanfänger die noch eher gemütliche Zeit vor dem Fall der Mauer erlebt, in der es zwar auch massive Straftaten wie Mord, Raub und Vergewaltigung gab, die Täter aber im Normalfall schnell ermittelt und gefasst werden konnten, weil sie sich in der Regel in der Insel Berlin (West) aufgehalten haben und die Polizei lediglich die Transitübergänge, die Bahnhöfe und die Flughäfen überwachen musste, um ein Verschwinden nach „Westdeutschland" (für uns alteingesessene Westberliner zählte dazu Hamburg genauso wie Köln oder München) oder ins Ausland zu verhindern. Nach dem Mauerfall und der Vereinigung der beiden deutschen Staaten bin ich seit Anfang der neunziger Jahre des vorigen Jahrhunderts als Vorsitzender zunächst in einer allgemeinen großen Strafkammer, ab Anfang 1994 dann für die nächsten mehr als dreiundzwanzig Jahre bis zu meiner Pensionierung in der Jugendstrafkammer 9 tätig gewesen. Aus meiner langen Moabiter Zeit will ich von einigen spannenden, hoffentlich interessanten, selten amüsanten, mitunter dramatischen Fällen berichten. Die Auswahl der insgesamt 24 Fälle ist repräsentativ und typisch für die Arbeit in der Berliner Strafjustiz.

Als Richter musste ich im dienstlichen Bereich meine Worte immer sorgfältig abwägen und eher vorsichtig formulieren, sowohl mündlich in der Verhandlung als auch erst recht schriftlich in den Urteilen und Beschlüssen; oft war mir eigentlich nach anderen, handfesteren Formulierungen zumute. Dabei war ich nach Überwindung meiner anfänglichen beruflichen Unsicherheit im Vergleich zu vielen anderen Kollegen in meiner Ausdrucksweise noch eher mutig, dies auch, um der ansonsten bestehenden Gefahr eines Magengeschwürs vorzubeugen; wenn ich mich mal wieder über einen Verteidiger geärgert hatte, waren als eigentherapeutische Maßnahmen ironische Bemerkungen, die sich so gerade eben noch innerhalb der Grenze des Vertretbaren hielten, durchaus hilfreich. Die Verteidiger konnten wohl auch meistens mit meinen lockeren Sprüchen leben, denn Ablehnungsgesuche habe ich in den langen Jahren nur wenige (und zudem erfolglose) erhalten.

Grundsätzlich ist ein bisschen Mut - nicht nur was Sprüche betrifft - nach meiner Überzeugung eine bedeutsame Eigenschaft für einen Richter. In erster Linie ist es wichtig, den eigenen Überzeugungen treu zu bleiben und so zu entscheiden, wie man es für angebracht hält. Wer immer nur nach dem Obergericht schielt und hofft, diesem alles recht zu machen, wer aus Angst vor einem Fehler nie einen abwegig erscheinenden Antrag eines Verteidigers ablehnt, macht als Richter vielleicht nichts „falsch" und seine Urteile werden nicht aufgehoben, aber ob seine Entscheidungen „richtig" sind und wenigstens noch ein bisschen mit der Wahrheit und damit dann auch mit der Gerechtigkeit (nach der, was auch immer sie sein mag, wir Richter doch alle streben sollten) zu tun haben, bezweifle ich.

Als Pensionär bin ich mittlerweile in der angenehmen Situation, nicht mehr jedes Wort auf die Goldwaage legen zu müssen, nicht mehr alle meine Ausführungen juristisch korrekt darlegen zu müssen, sondern auch ein bisschen „aus dem

Nähkästchen" plaudern zu können, mal ein wenig bissig, vielleicht auch amüsant formulieren zu können, um so den Leser nicht nur informieren, sondern auch unterhalten zu können. Ich hoffe, dass mir dies mit den folgenden Kapiteln, die alle auf Urteilen und Verfahren basieren, an denen ich selbst mitgewirkt habe, gelingt. Die Namen der beteiligten Personen habe ich selbstverständlich geändert, die Orte der Geschehnisse, soweit sie Rückschlüsse auf die Identität der Beteiligten zulassen würden, ebenfalls; die Nationalität/ Herkunft der Angeklagten habe ich aber weitestgehend offengelegt, weil dies nach meiner Überzeugung für die Authentizität des Buches unerlässlich ist. Der Leser wird erkennen, dass die überwiegende Zahl der Angeklagten, über die ich berichte, einen sogenannten „Migrationshintergrund" hat, und das nicht etwa erst seit der „Flüchtlingskrise" im Herbst 2015, sondern bereits seit Jahrzehnten, wie alle Berufsgruppen, die in Berlin insbesondere im Bereich der Jugendstrafrechtspflege tätig sind, bestätigen werden, wenn sie ehrlich sind. Dabei soll keinesfalls verkannt werden, dass das Gros der Berliner Mitbürger mit Migrationshintergrund in unsere Gesellschaft sozial integriert ist und ein, was die Einhaltung der hier geltenden Regeln betrifft, völlig unauffälliges Leben führt, ohne dass sie deswegen ihre Herkunft leugnen würden. Aufgrund nicht nur meiner langjährigen beruflichen Erfahrung ist es aber eine nicht zu leugnende Tatsache, dass jedenfalls unter den jüngeren Straftätern die Angeklagten mit Migrationshintergrund im Verhältnis zu ihrem Anteil an der Gesamtbevölkerung weit überrepräsentiert sind.

I

Das Greenhorn

Wenige Wochen nach meinem 27. Geburtstag wurde ich als Richter auf den kriminellen Teil der Bevölkerung von Berlin (West) losgelassen; eigentlich stürzte dieser Personenkreis eher auf mich ein. Ich hatte keine Ahnung von dem Milieu, mit dem ich es von nun an zu tun haben würde, von den Lebensumständen sowie den Handlungs- und Denkweisen dieser Menschen. Gut behütet war ich im bürgerlichen Bezirk Zehlendorf im Südwesten von Berlin aufgewachsen. In unserer Familie waren die Rollen in traditioneller Weise aufgeteilt; mein Vater verdiente den Lebensunterhalt, meine Mutter sorgte als Hausfrau für das leibliche und seelische Wohl der Familie. Meine ältere Schwester studierte nach dem Abitur Kunstgeschichte, ein typisches Studienfach für „Höhere Töchter". Auch ich machte natürlich das Abitur, dies auf einem humanistischen Gymnasium, welches mein Vater für mich ausgesucht hatte; er war der Auffassung, ein gebildeter Mensch müsse Latein und Griechisch können, ein Umstand, der mir später nur begrenzt im Umgang mit den eingangs erwähnten Personengruppen nützlich war. Nach dem Studium der Rechtswissenschaften in Marburg und an der Freien Universität Berlin, dem ersten Staatsexamen und der Referendarausbildung in Berlin mit dem sich anschließenden zweiten Staatsexamen war es dann am 26. April 1979 soweit und ich wurde als Richter auf Probe im Berliner Staatsdienst eingestellt. Theoretisch war ich ganz gut ausgebildet; in vielen Rechtsgebieten konnte ich zwischen der subjektiven, der objektiven und der gemischt-rechtlichen Theorie unterscheiden. Das half mir allerdings im jetzt auf mich zukommenden Gerichtsalltag wenig; wie man eine Verhandlung führt, wie man mit eingeschüchterten Zeugen, pampigen Angeklagten, sturen Staatsanwälten und unverschämten Verteidigern umzugehen hat, hatten wir nicht gelernt. Ich war in dieser Hinsicht ein Greenhorn. Und so waren meine Lehrjahre im Richterberuf jedenfalls zum Teil eine erhebliche psychische Belastung, für mich und vielleicht auch für die anderen Beteiligten, mit denen ich es in dieser Zeit zu tun hatte. In den ersten acht Monaten war es noch nicht so schlimm, denn ich war zunächst einer Großen Strafkammer des Landgerichts Berlin als Beisitzer zugewiesen worden. Im Schoß dieser Kammer, in der ein souveräner Vorsitzender im Zusammenwirken mit einer langjährig erfahrenen Kollegin agierte, war ich gut aufgehoben. In den Verhandlungen saß ich eher still dabei, äußerte in den Beratungen auf Frage meine Meinung, schrieb dann die Urteile, mit denen mein Vorsitzender ganz zufrieden schien, und fühlte mich eigentlich recht wohl.

Das änderte sich, als ich zum Januar 1980 an das Amtsgericht Tiergarten versetzt wurde. In den ersten Monaten war ich als Vertretungsrichter eingesetzt; wenn ein Kollege Urlaub hatte oder krank wurde, musste ich ihn für einige Tage, vielleicht auch mal Wochen, vertreten. In den sogenannten Dezernats-vertretungen, also der alltäglichen Büroarbeit, hatte ich es ausschließlich mit mir völlig unbekannten Akten zu tun; oft wusste ich überhaupt nicht, was ich mit denen anfangen sollte. Am einfachsten war es noch, in die Akte „Herrn ordentlichen Dezernenten nach Rückkehr aus dem Urlaub zur weiteren Veranlassung erneut vorlegen" zu schreiben, aber das ging nur manchmal. So richtig beigebracht hat uns Proberichtern - ich hatte Leidensgenossen - das damals niemand, wir mussten uns irgendwie durchwursteln.

Noch viel schlimmer waren die ersten Hauptverhandlungen. Ich bekam als Vertretungsrichter für meine erste selbständig zu leitende Sitzung morgens um 7 Uhr 30 einen Anruf von der Gerichtsverwaltung „Der Kollege Meier ist plötzlich erkrankt. Sie sind für die heutige Sitzung in der Abteilung 251 der zuständige Vertretungsrichter. Finden Sie sich mit Robe um 9 Uhr im Saal 123 ein." Das war die absolute Katastrophe. Ohne Aktenkenntnis sollte ich als blutiger Anfänger eine Sitzung mit sechs angesetzten Sachen verhandeln. Dass dabei nicht viel Vernünftiges rauskommen konnte, liegt auf der Hand. Eine derartige Vorgehensweise war eigentlich eine Zumutung nicht nur für die jungen Proberichter, sondern in gleicher Weise auch für alle übrigen Verfahrensbeteiligten. Ich weiß nicht, ob sich diese unerträgliche Praxis inzwischen geändert hat; ich kann nur hoffen, dass die jungen Richter mittlerweile besser auf ihre Aufgaben vorbereitet werden.

Nach einigen Monaten als Vertretungsrichter bekam ich dann eine eigene Abteilung zugewiesen. Immerhin war jetzt eine Einarbeitung in die einzelnen Akten möglich, da ich hier für eine längere Zeit tätig sein würde. Hinsichtlich der Dezernatsarbeit konnte ich auch mal hilfsbereite ältere Kollegen fragen oder mich mit den anderen „Frischlingen" besprechen. Die Sitzungen waren aber nach wie vor eher ein Drama. Ich war anfangs aufgeregter als manch ein Angeklagter, der mir an Erfahrung mit Hauptverhandlungen mitunter weit voraus war. Hilfreich war es, eine routinierte Protokollkraft zur Seite zu haben, die dem jungen Richter - wenn sie ihm wohl gesonnen war - schon mal zuraunte „sie müssen den Zeugen noch belehren" oder „die Rechtsmittelbelehrung fehlt noch". Mir ging es in den ersten Monaten mitunter so, dass ich mir in meiner jugendlichen Unerfahrenheit und Blauäugigkeit schlechterdings nicht vorstellen konnte, wie routiniert man von dem einen oder anderen Angeklagten belogen wird. Wenn dieser mir treuherzig in die Augen blickte und beteuerte „Herr Richter, ich war es wirklich nicht, das schwöre ich beim Augenlicht meiner

Großmutter", habe ich das manchmal trotz entgegenstehender Zeugenaussagen geglaubt und freigesprochen. Oder der wegen Betäubungsmittelbesitzes angeklagte Junkie versicherte hoch und heilig, er werde sich vom Gerichtssaal direkt in die Therapieeinrichtung begeben, bekam daraufhin von mir Bewährung, erschien aber nie bei Synanon.

Gut erinnern kann ich mich noch an ein Verfahren wegen Beleidigung. In der TAZ, einer 1978 gegründeten linken Tageszeitung, die der Schrecken großer Teile der bürgerlichen Bevölkerung Berlins wie auch der Springer-Presse war, erschien im Zusammenhang mit der Anfang der 80-er Jahre besonders hoch kochenden Berliner Hausbesetzerszene ein Artikel, in dem es hieß „gleich acht Bullizisten erschienen, um den Verdächtigen festzunehmen". Der Polizeipräsident war empört, erstattete Strafanzeige und stellte als Dienstvorgesetzter der acht in ihrer Ehre gekränkten Polizeibeamten Strafantrag. Die damals noch existente politische Abteilung der Staatsanwaltschaft ermittelte wegen dieser die Grundfesten unseres Gemeinwesens erschütternden Straftat auf Hochtouren und klagte den verantwortlichen Redakteur der TAZ an. Unseligerweise landete das Verfahren in der Abteilung, in der ich damals tätig war. Mir schwante Böses. Verteidiger des angeklagten Redakteurs war ein schon damals recht bekannter Berliner Rechtsanwalt aus der linken Szene, der sich bereits in Terroristenprozessen einen Namen gemacht hatte und später auch politisch als Bundestagsabgeordneter erfolgreich war. Die Pressebänke waren bei Prozessbeginn voll und im Zuschauerraum saßen etliche Personen, darunter viele „Sympathisanten" (damals war das ein Schimpfwort) des Angeklagten.

Im Laufe des Verfahrens stellte der Verteidiger den Antrag, den Sprachwissenschaftler Prof. Dr. Walter Jens von der Universität Tübingen als Sachverständigen zu hören. Dieser werde bekunden, dass das Wort „Bullizisten" sich nicht etwa, wie die Staatsanwaltschaft fälschlich annehme, von „Bulle" herleite, vielmehr daher, dass die Polizeibeamten mit einem VW-Bus, im allgemeinen Sprachgebrauch „Bulli" genannt, am Ort der Festnahme erschienen seien. Immerhin ein origineller Einfall! Ich wusste nicht im Geringsten, wie ich auf diesen Antrag reagieren sollte; mein Blutdruck stieg schlagartig an und ich bekam Schweißperlen auf der Stirn. Ich rettete mich zunächst mal in eine Verhandlungspause und zog mich in das Beratungszimmer zurück. Dort kam mir der rettende Einfall; bei Fortsetzung der Verhandlung wenige Minuten später schlug ich nämlich vor, das Verfahren einzustellen, was ich mit den Worten „so schlimm ist das Ganze doch gar nicht!" begründete. Der Staatsanwalt runzelte zwar die Stirn und der Verteidiger meinte, eigentlich müsste sein Mandant freigesprochen werden; gleichwohl waren beide Seiten einverstanden, das Verfahren auszusetzen, um die insoweit erforderliche Stellungnahme des Polizeipräsidenten einzuholen. Dieser „maulte" zwar noch etwas rum, seine Beamten müssten vor solchen Pamphleten eines Journalisten geschützt werden, stimmte aber letztlich doch zu. So wurde das Verfahren eingestellt und ich kam darum herum, mich dienstlich mit Walter Jens beschäftigen zu müssen.

Es gab aber auch amüsante Begebenheiten während meiner „Lehrzeit" als junger Richter in Moabit. Wieder ging es um ein Verfahren wegen Beleidigung. Der Angeklagte hatte im Büro mit seinem Chef eine verbale Auseinandersetzung wegen Unstimmigkeiten hinsichtlich der Lohnzahlung; die anwesende junge blonde Sekretärin wollte schlichten und äußerte sich mit besänftigenden Worten gegenüber dem späteren Angeklagten. Dieser war aber schon so aufgebracht, dass er sie, sich dabei in der Wortwahl vergreifend, mit den Worten „Du Schlampe mit den dicken Titten hältst dich da raus!" anherrschte. Die

Sekretärin brach in Tränen aus und stellte, nachdem sie sich wieder beruhigt hatte, einen Strafantrag wegen Beleidigung. In der Verhandlung einige Monate später war der Angeklagte geständig; ich fragte ihn, ob er bereit sei, sich bei der von mir als Zeugin geladenen Sekretärin zu entschuldigen, was er bejahte. Als die junge Frau, die auf dem Gerichtsflur gewartet hatte, den Sitzungssaal betrat, mussten sich die Anwesenden, die nach meiner Erinnerung überwiegend männlichen Geschlechts waren, das Grinsen verkneifen, ohne dass ich das jetzt näher ausführen möchte. Der Angeklagte jedenfalls bat die Zeugin um Entschuldigung und fügte noch hinzu „eigentlich habe ich das ja eher als Kompliment gemeint!", die junge Frau nahm die Entschuldigung an und den Strafantrag zurück, nachdem wir geklärt hatten, dass der Angeklagte die Verfahrenskosten übernimmt. So konnte auch dieses Verfahren eingestellt werden.

Unangenehm insbesondere für die jungen Berufsanfänger und mit der grundgesetzlich verbrieften richterlichen Unabhängigkeit nur schwerlich in Einklang zu bringen, wenngleich wohl unerlässlich, ist die Notwendigkeit einer dienstlichen Beurteilung, die in den ersten Jahren einer Richterlaufbahn in ziemlich kurzen Abständen erfolgt. Der junge Richter wird von einem dafür von der Leitung des Gerichts bestimmten erfahrenen Kollegen in einer seiner Sitzungen „überhört" und es wird eine Auswahl von Akten durchforstet. Meine erste Beurteilung beim Amtsgericht Tiergarten fiel ziemlich schlecht aus, ich bekam letztlich ein „ausreichend"; im Text ist u.a. von „dem möglichen Eindruck einer gewissen Leichtgläubigkeit" die Rede. Damals war ich empört, aus der Rückschau vieler Jahre kann ich diese Kritik letztlich jedoch annehmen, wie sich aus der Schilderung meiner Blauäugigkeit in den Anfangsmonaten ergeben mag. Leider war auch die zweite Beurteilung beim Amtsgericht einige Monate später ähnlich unerfreulich, obwohl ich mir in der Zwischenzeit besondere Mühe gegeben hatte; ob das auch daran lag, dass ich den mich überhörenden Vizepräsidenten des Amtsgerichts, den ich persönlich nicht kannte, in einer kurzen Verhandlungspause zusammen mit den übrigen Zuschauern mit einer vielleicht etwas unfreundlichen Handbewegung rausgeschickt hatte (peinlich, peinlich!), um mit dem Verteidiger etwas zu besprechen, entzieht sich meiner Kenntnis. Ich hatte jedenfalls jetzt ernstliche Sorgen, was meine noch ausstehende Ernennung zum Richter auf Lebenszeit betraf, und zog eine schriftliche Stellungnahme zu den schlechten Beurteilungen in Erwägung. Meine Bekannten und Freunde sowohl innerhalb wie außerhalb der Justiz und sogar meine Ehefrau, die ansonsten keinem Streit mit der Obrigkeit aus dem Wege gegangen ist, rieten mir ab, es würde nichts nützen und ich würde nur als Querulant verschrien; nur meine Schwiegermutter und meine Mutter rieten mir zu. Auf diese beiden habe ich - jedenfalls in der konkreten Situation - gehört und eine maßvoll formulierte Stellungnahme zu meiner Personalakte gereicht. Diese Äußerung war ich mir selber schuldig, ich fühlte mich nach deren Abgabe besser. An der Beurteilung hat sich zwar nichts geändert, die Äußerung hat mir aber auch nicht geschadet, ich bin einige Zeit später zum Richter auf Lebenszeit ernannt worden. Anderenfalls wäre meine Richterlaufbahn schnell beendet gewesen und ich hätte die folgenden 23 Kapitel dieses Buches nicht schreiben können.

II

Der Serienvergewaltiger

Im Jahre 1984 bis ins Frühjahr 1985 hinein erschütterte die Berliner und insbesondere die Berlinerinnen eine Serie brutaler Vergewaltigungen, die sich im Tiergarten im Bereich zwischen Siegessäule, Haus der Kulturen der Welt und Spree nördlich und südlich der Straße des 17. Juni zutrugen. Vornehmlich in den Abendstunden wurden Frauen, die mit dem Fahrrad oder zu Fuß in dem um diese Zeit eher einsamen Park unterwegs waren, von einem hinter einem Gebüsch oder einer Baumgruppe lauernden Täter angesprungen, erforderlichenfalls vom Fahrrad gezerrt, zu Boden gebracht und sodann vaginal, teilweise auch anal und oral, vergewaltigt. Die Opfer waren Frauen unterschiedlichen Alters, die jüngste Geschädigte war noch keine siebzehn Jahre, das älteste Opfer war knapp unter 50 Jahre alt. Die meisten der betroffenen Frauen schilderten den Täter als sehr groß und massig, mit extrem muskulösen Oberschenkeln, wobei die Größenangaben zwischen 180 cm und 195 cm schwankten. Die Angaben zur Haarfarbe waren uneinheitlich und wechselten zwischen hellblond, dunkelblond und eher braun, wobei die Zeuginnen im Hinblick auf die bei den Taten herrschende Dunkelheit und die im Tiergarten kaum vorhandene Beleuchtung keine wirklich konkreten Angaben machen konnten. Übereinstimmend wurde der Täter als ein akzentfrei, aber mit Berliner Dialekt sprechender Deutscher beschrieben. Einem Opfer war es gelungen, den Täter in ein Gespräch zu verwickeln; dabei konnte sie ihm auch seinen Vornamen „Daniel" entlocken, wobei natürlich offen blieb, ob dies sein wirklicher Name war. Als diese Serie von Taten in teilweise kurzen Abständen von nur wenigen Wochen immer länger wurde, wurde die von der Lokalpresse informierte Öffentlichkeit („Unhold vom Tiergarten treibt weiter sein Unwesen") zunehmend unruhiger, zumal die Polizei mit ihren Ermittlungen zunächst keinerlei Erfolge zu verzeichnen hatte. Schließlich wurde die Präsenz von zivil gekleideten und teilweise auch weiblichen Polizeibeamten in dem gefährdeten Areal verstärkt und im Frühjahr 1985 konnte schließlich eine Person auf frischer Tat von der Polizei gefasst und vorläufig festgenommen werden. Es handelte sich um den 27-jährigen nicht vorbestraften Daniel Binkert, einen in Berlin geborenen, aufgewachsenen und auch wohnenden Mann von 190 cm Größe und einem Gewicht von rund 100 kg mit dunkelblondem Haar. In der sich anschließenden polizeilichen Vernehmung räumte Binkert die Tat, in deren Zusammenhang er festgenommen worden war, ein. Es blieb ihm letztlich auch kaum etwas anderes übrig, da die Beweislage insoweit erdrückend war. Zu den weiteren Tatvorwürfen - die Polizeibeamten hielten ihm auch sämtliche weiteren in den vergangenen 15 Monaten im Tiergarten begangenen Sexualtaten vor - äußerte er sich nicht. Zunächst nur wegen der einen Tat erging gegen Binkert ein Haftbefehl und er kam in die JVA Moabit in Untersuchungshaft. Nun folgte eine mühselige polizeiliche Ermittlungsarbeit. Alle geschädigten Frauen mussten erneut vernommen werden; es mussten jeweils Wahlgegenüberstellungen durchgeführt werden, die nur in einem weiteren Fall dazu führten, dass die Zeugin den Binkert eindeutig und glaubhaft als Täter wiedererkannte, weil die Tat in der Nähe einer Laterne durchgeführt worden war. Die übrigen Frauen konnten teilweise gar nichts zur Identifizierung des Täters beitragen, teilweise äußerten sie, dass Binkert typmäßig jedenfalls in Betracht komme. DNA-Untersuchungen, wie sie heute gang und gäbe sind und die die Überführung eines Täters zumindest wesentlich erleichtern können, wenn entsprechende Spuren gesichert werden konnten, waren damals noch nicht möglich. Nach monatelangen Ermittlungen waren sich Kriminalpolizei und Staatsanwaltschaft sicher, dem Festgenommenen die gesamte Serie von insgesamt vierzehn innerhalb von fünfzehn Monaten begangenen Taten nachweisen zu können. Der Haftbefehl wurde vom zuständigen Ermittlungsrichter entsprechend erweitert und die Staatsanwaltschaft erhob Anklage. Diese richtete sie aufgrund des Umstandes, dass unter den Opfern eine zum Zeitpunkt der Anklageerhebung noch minderjährige junge Frau war, an die Jugendkammer als Jugendschutzkammer. So landete die Anklage Ende August 1985 bei der Jugendstrafkammer 9, in der ich seit dem Januar 1983 als Beisitzer tätig war. In dieser Kammer fühlte ich mich, der ich inzwischen auch mehr richterliche Erfahrung gesammelt hatte, sehr wohl; Vorsitzender der Strafkammer war der Vater eines Klassenkameraden von mir, neben mir Beisitzerin war eine sehr nette Kollegin, mit der ich gut zusammenarbeiten konnte. Die Kollegin war in diesem Fall turnusmäßig die sogenannte Berichterstatterin, d.h. sie hätte zu einem späteren Zeitpunkt das schriftliche Urteil verfassen müssen, eine in diesem Fall sehr aufwändige und schwierige Aufgabe. Wir alle drei waren nicht eben begeistert, in der Jugendkammer ein derart umfangreiches Verfahren wegen 14-facher Vergewaltigung gegen einen ganz überwiegend nicht geständigen erwachsenen Angeschuldigten verhandeln zu sollen, und das nur deswegen, weil eine von vierzehn Geschädigten zum Zeitpunkt der Tat noch minderjährig war. So überlegten wir, ob es eine rechtlich unanfechtbare Möglichkeit geben könnte, das Verfahren „abzuwimmeln"; auch Richter sind nur Menschen und reißen sich nicht nach schwieriger Arbeit. Und siehe da, es gab einen solchen Weg. Da die noch minderjährige Zeugin bis zum Zeitpunkt einer Hauptverhandlung und ihrer Aussage die Volljährigkeit jedenfalls erreicht haben würde, konnte genauso gut eine allgemeine Große Strafkammer tätig werden, die besondere Sachkunde der Jugendkammer war nicht zwingend erforderlich. Dementsprechend haben wir die Sache mit bindender Wirkung an die Erwachsenenkammer abgegeben, bestimmt sehr zu deren Ärger, aber das war uns egal; das Hemd saß auch uns näher als der Rock. Kaum hatten wir aufgeatmet, weil wir diese umfangreiche Sache elegant losgeworden waren, erreichte mich ein Anruf des Präsidenten des Landgerichts. Ich würde doch bestimmt beruflich weiterkommen wollen, da müsste ich auch meine Flexibilität unter Beweis stellen, in der Strafkammer 11 sei die Stelle eines Beisitzers und zugleich Vertreters des Vorsitzenden zu besetzen, das sei doch was für mich. Meine Frage, ob ich noch eine Wahlmöglichkeit hätte, wurde verklausuliert verneint, und so kam es, dass ich die Jugendstrafkammer 9, die ich achteinhalb Jahre später als Vorsitzender übernehmen sollte, verlassen musste und zum 30. September 1985 als Beisitzer in der Strafkammer 11 antrat. Die von der Jugendstrafkammer vor dem Erwachsenengericht eröffnete große Vergewaltigungssache war nun ausgerechnet bei dieser Strafkammer 11 gelandet, und jetzt war ich der Berichterstatter. Da hatte ich aber Pech gehabt! Das kommt davon, wenn man sich vor unangenehmer Arbeit drücken will.

Anfang Januar 1986 begann die Hauptverhandlung, die sich über mehrere Monate hinzog. Einige Besonderheiten sind mir auch nach so vielen Jahren aus dieser Verhandlung noch in Erinnerung. So gab eine junge Frau, die wenige Wochen zuvor Mutter geworden war, ihrem Baby die Brust, während sie in öffentlicher Verhandlung vor uns Richtern und vor Publikum auf dem Zeugenstuhl sitzend detailliert schilderte, wie sie vergewaltigt worden war. Und der Vorsitzende, der sonst keine Gelegenheit versäumte, Angeklagte, Zeugen oder andere Verfahrensbeteiligte auf tatsächliches, häufig auch nur vermeintliches Fehlverhalten im Gerichtssaal mitunter recht rüde hinzuweisen, sagte dazu nichts!

Weiter kann ich mich an eine Zeugin erinnern, die im Rahmen ihrer Schilderung von dem Täter mehrfach als von „Daniel" sprach und damit den unzutreffenden Eindruck erweckte, sie kenne den Täter; was sie zu dieser Ausdrucksweise bewogen haben mag, hat sich uns nicht erschlossen.

Obwohl die Thematik dieses Verfahrens eine sehr ernste war und die betroffenen Frauen möglicherweise ein Leben lang unter dem Geschehen zu leiden haben, gab es doch auch hier amüsante Momente. Um die Persönlichkeit des Angeklagten zu durchleuchten, hörten wir neben anderen Zeugen seinen Chef an, der des Lobes voll war über seinen Angestellten. Daniel Binkert sei als Installateur in seiner Firma tätig, arbeite sehr zuverlässig und sei auch in der Lehrlingsausbildung eingesetzt, in seiner Freizeit sei er ein aktiver Fußballspieler; nach seiner Persönlichkeit befragt, meinte der Chef „na ja, ein Thomas Gottschalk ist er nicht gerade!" Nun erhob sich der psychiatrische Sachverständige, ein in Moabit allseits bekannter Mann von um die 60 Jahren, mit eisgrauen Haaren, schwarzen Augenbrauen und eher stechenden Augen, dessen Auftritte als Gerichtspsychiater schon fast legendär waren. Mit der ihm eigenen näselnd-arroganten Stimme äußerte er „jetzt muss ich eine Bildungslücke gestehen. Ich weiß nicht, wer Thomas Gottschalk ist". Brüllendes Gelächter erhob sich im Gerichtssaal.

Am Ende der mehrmonatigen Hauptverhandlung gewann die Kammer die Überzeugung, dass der Angeklagte alle angeklagten Taten begangen hatte. Er wurde wegen vierzehnfacher Vergewaltigung zu einer Freiheitsstrafe von fünfzehn Jahren und anschließender Sicherungsverwahrung verurteilt. Es war dies die härteste Rechtsfolge, die das Strafgesetzbuch überhaupt vorsieht, letztlich strenger als eine lebenslange Freiheitsstrafe wegen Mordes. Ich musste nun das schriftliche Urteil abfassen, es war genauso mühselig und schwierig, wie wir das schon nach Eingang der Anklage in der Strafkammer 9 angenommen hatten; letztlich muss ich es ganz gut hinbekommen haben, denn der Bundesgerichtshof hat die Revision des Angeklagten verworfen.

Mehr als zehn Jahre später:

Seit einiger Zeit spielte ich im Rahmen des Betriebssportes in einer Justizmannschaft Fußball. Einer meiner Mitspieler, Spitzname „Hotte", war ein höherer Bediensteter aus der JVA Tegel, in der Daniel Binkert viele Jahre seiner Haftstrafe verbüßt hatte. Er erzählte mir, dass Binkert ein Vorzeigehäftling gewesen sei, mit dem es in all den Jahren nie Ärger gegeben hätte und der die Bildungs- und sonstigen Angebote der JVA vielfach und mit Erfolg angenommen habe. Daher habe das nunmehr für ihn zuständige Gericht (die Strafvollstreckungskammer) ihm den noch offenen Rest der Freiheitsstrafe zur Bewährung ausgesetzt und auch entschieden, dass er die Sicherungsverwahrung nicht antreten müsse, weil er mittlerweile geläutert sei. Daniel Binkert war also seit kurzer Zeit wieder in Freiheit. Eines Tages fragte Hotte meine Mannschaftskameraden und insbesondere mich, ob wir uns vorstellen könnten, dass Daniel Binkert in unserem Team mitspielen würde; er sei doch ein so guter Fußballer und im weiteren Sinne gehöre er doch auch zur Justiz. Meine Mitfußballer hatten nichts dagegen, machten es aber von meiner Entscheidung abhängig. Ich musste erst mal in Ruhe über diese äußerst ungewöhnliche Konstellation nachdenken; dabei kam ich zu dem Ergebnis, dass das Mitwirken in unserer Mannschaft möglicherweise aktiv betriebene Resozialisierung sein könne. In einem Vier-Augen-Gespräch mit dem von mir seinerzeit zur Höchststrafe verurteilten früheren Angeklagten - wir beide waren nervös bei der ersten Begegnung nach mehr als zehn Jahren - kamen wir überein, dass wir es einfach mal versuchen wollten. Ich stellte noch klar, dass wir ab

22

sofort „per Du" wären, denn es ist unmöglich, im Spiel zu rufen „Herr Binkert, bitte flanken Sie jetzt mal". In den folgenden Monaten spielte nun also ein ehemaliger Strafgefangener und vielfacher Vergewaltiger in unserer Mannschaft mit, sicherte uns mit seinen Toren so manchen Punkt und legte sich - ganz im Gegenteil zu dem einen oder anderen Mitspieler - nie mit dem Schiedsrichter an; etwas befremdlich war lediglich, dass er sich nach den Spielen nie mit uns zusammen duschte und auch nicht zum anschließenden Bier mitkam, sondern nach Spielschluss stets schnell verschwand.

Nach einigen Monaten kam er dann plötzlich nicht mehr; zunächst dachten wir uns nichts dabei, hakten dann aber doch mal nach und mussten zu unserer Überraschung bzw. zu unserem Entsetzen zur Kenntnis nehmen, dass Daniel Binkert wegen einschlägiger Tatvorwürfe erneut in Untersuchungshaft saß. Erneut wurde gegen ihn ein Strafverfahren geführt, in dem ich sogar als Zeuge angehört worden bin. Am Ende meiner Vernehmung, in der es wiederum um die Persönlichkeit des Angeklagten ging, wandte ich mich direkt an ihn, was eigentlich von der Strafprozessordnung nicht vorgesehen ist und was ich als Vorsitzender grundsätzlich auch unterbinden würde, was die Kollegen in diesem Verfahren aber hinnahmen. An Daniel gewandt, sagte ich „Ich weiß nicht, ob du schuldig bist, aber das wird das Gericht herausfinden. Wenn du schuldig bist, hast du nicht nur schwere Straftaten begangen, sondern auch das Vertrauen, das deine Mannschaftskollegen und insbesondere Hotte und ich in dich gesetzt haben, schäbig missbraucht."

Am Ende dieses über ein Jahr andauernden Prozesses wurde Daniel Binkert erneut mehrerer Sexualdelikte schuldig gesprochen und zu einer hohen Freiheitsstrafe und anschließender Sicherungsverwahrung verurteilt. Ein zweites Mal wird er wohl nicht mehr vorzeitig entlassen werden, vermutlich befindet er sich bis zum heutigen Tag in staatlichem Gewahrsam.

Mein Beitrag zur Resozialisierung eines von mir verurteilten Straftäters ist leider gründlich schiefgegangen.

III

Mein größter Fehler

Nun hatte sich endlich mein beruflicher Wunsch erfüllt; am 11. Februar 1991 trat ich meine erste Stelle als Vorsitzender Richter einer Großen Strafkammer am Landgericht Berlin an. Um dieses Ziel zu erreichen, hatte ich es auf mich genommen, mich zuvor für drei Jahre und fünf Monate an das Berliner Landesjustizministerium abordnen zu lassen. Ich habe dort den politischen Wechsel von einer gelb-schwarzen zur ersten rot-grünen Regierung in Berlin erlebt, der Mauerfall und die Vereinigung der beiden deutschen Staaten fielen in diese Zeit. Es hätte also wirklich interessant sein können. Tatsächlich aber war die Zeit für mich, der ich zuvor bereits über einige Jahre an die richterliche Unabhängigkeit gewöhnt war, teilweise nur schwer zu ertragen. Symptomatisch für die angebrachte Verhaltensweise „im Hause", wie es so schön hieß, war der Hinweis eines erfahrenen Kollegen, der mir eines Tages zuraunte „im Vertrauen, Herr Kollege, inhaltliche Fehler können sie bei ihrer Arbeit ruhig machen, das merkt meistens keiner; aber wenn sie auf dem Flur die Kollegen in der falschen Reihenfolge begrüßen, kann das verheerende Folgen für ihre Zukunft haben." Ich habe diesen Hinweis, nach den Besoldungsstufen zu grüßen, beherzigt, wäre aber trotzdem fast gestolpert. Denn ich hätte es nie für möglich gehalten, dass die politische Ausrichtung der Mitarbeiter bis hinunter in die Referentenebene in einem Landesministerium eine so wichtige Rolle spielen könnte. Das war dann aber in den Wochen nach dem politischen Wechsel deutlich spürbar, als viele Mitarbeiter ausgetauscht und durch linientreue ersetzt wurden. Meine naive Auffassung, das alles würde mich als parteilosen und lediglich auf Zeit abgeordneten Richter nicht tangieren, stellte sich bald als fataler Irrtum heraus; um ein Haar wäre auch ich aus politischen Gründen abgesägt worden. Das konnte ich gerade noch so verhindern, und mit einer gewissen zeitlichen Verzögerung erreichte ich auch die von mir angestrebte Beförderung zum Vorsitzenden Richter.

Nun war ich also am Ziel meiner beruflichen Wünsche angelangt und doch gar nicht glücklich; ich fühlte mich überfordert und meiner Aufgabe, eine Große Strafkammer zu managen, zunächst nicht gewachsen. Wenn ich bisher den Vorsitzenden vertreten hatte, so war das in dessen Urlaub, und nach drei Wochen war er wieder da, so dass ich ihm die mir schwierig erscheinenden Akten wieder überlassen konnte. Aber jetzt musste ich auf Dauer alles selbst erledigen und verantworten. Einen gewissen Trost fand ich in den freundlichen Worten eines im Nachbarzimmer sitzenden älteren Vorsitzenden, der beruhigend zu mir meinte „das ging uns doch allen in den ersten Wochen und Monaten so; bald werden sie sich eingearbeitet haben und dann klappt das schon."

Die Einschätzung des Kollegen war durchaus zutreffend, ich fand mich bald einigermaßen in meiner neuen Aufgabe zurecht. Da stand mir allerdings noch eine schwierige Hauptverhandlung bevor, die ich von meiner Vorgängerin geerbt hatte.

Es ging um die folgenden Vorwürfe: Am 10. November 1988 stürmte eine Gruppe von etwa zwanzig überwiegend kurdischen Demonstranten in den Brandenburgsaal des Schöneberger Rathauses, in dem eine Plenarsitzung unter dem Regierenden Bürgermeister Eberhard Diepgen stattfand. Die Demonstranten wollten gegen von ihnen behauptete Folter an politischen Gefangenen in der Türkei protestieren. Man sieht, auch vor über dreißig Jahren waren die politischen Verhältnisse in der Türkei schon unübersichtlich. Im Saal kam es zu Rangeleien mit Ordnern und Polizisten, die die Protestierer wieder aus dem Saal drängten. Einer der Aktivisten, wie man heute sagen würde, war der 27-jährige Firat O., der bei der Aktion von einem aus beruflichen Gründen anwesenden türkischen Journalisten, Mustafa A., auch gesehen wurde. Gut drei Wochen später, am 7. Dezember 1988, überfielen drei maskierte Täter das Berliner Büro der türkischen Zeitung, für die Mustafa A. arbeitete. Einer der Täter schoss dem zufällig anwesenden Vater des Journalisten in dessen Gegenwart in den Oberkiefer; nur aufgrund glücklicher Umstände überlebte das Opfer schwer verletzt. Mustafa A., der Sohn des Opfers, war sich sicher, in einem der Täter trotz Maskierung den Firat O., den er drei Wochen zuvor bei der Aktion im Rathaus Schöneberg kurz gesehen hatte, wiedererkannt zu haben.

Infolge dieser Aussage wurde Firat O. vorläufig festgenommen und kam in Untersuchungshaft. Es wird wohl auf immer ein Geheimnis der Staatsanwaltschaft bleiben, warum sie dieses Geschehen nicht als versuchten Mord zur Schwurgerichtskammer, sondern lediglich als gefährliche Körperverletzung zur allgemeinen Strafkammer anklagte. Und es wird das Geheimnis meiner zur Richterin am Bundesgerichtshof beförderten Vorgängerin bleiben, warum sie diese Sache so lange unerledigt liegen ließ und warum der Angeklagte irgendwann aus der Untersuchungshaft entlassen wurde.

Für den 11. Juni 1991 hatte ich nun den Beginn der Hauptverhandlung angesetzt, also auf den Tag genau vier Monate nach Übernahme meines ersten Vorsitzendenamtes. Mir zur Seite hatte ich einen sechs Jahre älteren erfahrenen Kollegen und einen lieben, aber völlig unerfahrenen und daher für ein derartiges Verfahren wenig hilfreichen jungen Kollegen. Auf der Verteidigerseite standen zwei erfahrene und nicht eben weichgespülte Anwälte aus dem linken Spektrum. Der Angeklagte räumte zu Beginn der Hauptverhandlung seine Anwesenheit bei der nach seiner Schilderung völlig friedfertigen Aktion im Rathaus Schöneberg ein, bestritt aber seine Beteiligung an dem Überfall auf die Zeitungsredaktion und behauptete, zur fraglichen Zeit bei seiner Verlobten gewesen zu sein. Das Verfahren lief zunächst in relativ geordneten Bahnen. Am vierten Verhandlungstag sollte die ordnungsgemäß an ihrem Berliner Wohnsitz geladene Verlobte des Angeklagten als Alibizeugin gehört werden. Als ich sie durch den Wachtmeister in den Saal bitten lassen wollte, war sie nicht anwesend; die Verteidiger eröffneten mir, die Zeugin halte sich in der Türkei auf und es sei unklar, ob und wann sie wieder nach Berlin zurückkehren werde. Ich war erst mal perplex und wusste nicht, was ich machen sollte; da war zunächst eine Verhandlungspause der vermeintliche Rettungsanker. Aber nun nahm das Verhängnis seinen Lauf und ich taumelte in den größten Fehler meiner gesamten richterlichen Laufbahn hinein. Der mir an Lebensalter und Berufserfahrung überlegene Kollege schlug vor, das Verfahren auszusetzen und den Angeklagten gleichzeitig wieder in Untersuchungshaft zu nehmen. Und obwohl ich ein ungutes Bauchgefühl hatte, sind wir dann - der junge Kollege und die beiden Schöffen hatten zu unserem weiteren Vorgehen keine wirklich eigene Meinung - gemäß dem Vorschlag des Kollegen vorgegangen. Kaum hatten wir den entsprechenden Beschluss in der Hauptverhandlung verkündet, ging seitens der Verteidiger ein wütender Sturm der Empörung los, ich wurde massiv beschimpft und vehement aufgefordert, diese rechtswidrige Entscheidung umgehend wieder rückgängig zu machen. Anstatt den Angeklagten in die Untersuchungshaft abführen zu lassen und die Hauptverhandlung zu beenden, ließ ich mich noch auf eine längere Diskussion mit den Verteidigern ein, bevor diese wutentbrannt den Saal verließen. Und irgendwie hatten sie ja auch recht; der Angeklagte war zu allen Verhandlungstagen erschienen, so dass eine nunmehr von der Kammer bejahte Fluchtgefahr eigentlich nicht wirklich zu begründen war. Auch hätte ich anstelle der vorschnellen Aussetzungsentscheidung zunächst mal mit den Verteidigern und dem Staatsanwalt die Situation erörtern und Wege zu einer adäquaten Problemlösung suchen sollen. Ich hätte z.B. die Möglichkeit einer Ladung der Zeugin in der Türkei prüfen können, ich hätte in meine Überlegungen eine kommissarische Vernehmung der Zeugin in der Türkei einbeziehen können, ich hätte die Verlesung der polizeilichen Aussage der Zeugin in Erwägung ziehen können, ich hätte versuchen können, in Erfahrung zu bringen, ob die Zeugin von dem ihr als Verlobter zustehenden Recht der Zeugnisverweigerung Gebrauch machen will. Bei allen diesen Möglichkeiten hätten wir die Hauptverhandlung fortsetzen können. Und nun waren durch unsere unüberlegte Vorgehensweise die bisherigen, eigentlich ganz vernünftig verlaufenen vier Verhandlungstage null und nichtig geworden und wir mussten zu einem späteren Zeitpunkt mit der ganzen Verhandlung und extrem aufgebrachten Verteidigern neu beginnen. Diese Situation, die ich mir selbst eingebrockt hatte, bereitete mir mehrere schlaflose Nächte, und meine Frau musste sich mein diesbezügliches Lamentieren wohl oder übel anhören, ohne mir wirklich helfen zu können.

Die Verteidiger legten umgehend Haftbeschwerde ein und das Kammergericht hob den Haftbefehl wegen der extrem langen Dauer des Verfahrens auf. Nachdem ich dann den erneuten Beginn der Hauptverhandlung auf den 5. September 1991 festgesetzt und nun vorsorglich zehn Verhandlungstage anberaumt hatte, wurde ich vom Angeklagten, formuliert natürlich von seinen Verteidigern, wegen Besorgnis der Befangenheit abgelehnt. Ein bisschen hoffte ich ja, das Befangenheitsgesuch würde Erfolg haben und ich so dieses höchst unangenehme Verfahren los werden; aber die für die Entscheidung zuständigen Kollegen taten mir diesen Gefallen nicht, und so musste ich den zweiten Anlauf nehmen.

Um es kurz zu machen, nach zehn in angespannter Atmosphäre durchgeführten Verhandlungstagen konnten wir uns keine zweifelsfreie Überzeugung von der Täterschaft des Angeklagten bilden, da der Journalist als einziger Belastungszeuge den Täter als ihm gleich groß geschildert hatte, während der Angeklagte tatsächlich mehr als zehn cm größer als er war. Hinzukam, dass der Zeuge den Täter nur maskiert gesehen hatte. Wir haben Firat O. am 10. Oktober 1991 vom Vorwurf der gefährlichen Körperverletzung freigesprochen, auf sein Alibi kam es gar nicht an. Ein aus meiner Sicht bei dem Anschlag in den Redaktionsräumen gegebener versuchter Mord ist damit ungesühnt geblieben. Lediglich wegen des Vorfalles im Rathaus Schöneberg wurde Firat O. von uns zu einer Geldstrafe verurteilt.

Zwei Dinge habe ich durch diese Verhandlung gelernt. Zum einen soll man keine vorschnellen Entscheidungen treffen, sondern die sich daraus ergebenden Konsequenzen sorgsam und in Ruhe erwägen. Zum anderen soll man auch als Richter auf sein Bauchgefühl achtgeben. Letzteres habe ich im weiteren Verlauf meiner Richterlaufbahn häufig getan und mein Bauchgefühl hat sich dabei stets als zutreffend und hilfreich erwiesen.

IV

Der Totenschädel

„Ich habe von dem Totenschädel geträumt!" begrüßte mich Korbinian, der Juniorchef unserer Ferienpension in Kärnten, beim Frühstück. Was war geschehen? Ich hatte gestern am Abend im Biergarten von meinem ersten großen Mordverfahren in der Jugendstrafkammer 9, die ich zum 1. Februar 1994 übernommen hatte, erzählt und davon, dass wir den blankgeputzten und von Schrotkugeln zerfetzten Schädel des Mordopfers auf dem Richtertisch in Augenschein genommen hatten. Dieses mein erstes Mordverfahren - das in Kapitel III geschilderte Verfahren zählte nicht wirklich als Mordverfahren - hatte es in sich, ich konnte es erst nach mehr als einem halben Jahr und 45 Verhandlungstagen - so lange hat später nie wieder ein Verfahren bei mir gedauert - mit einem Urteil abschließen. Als in derartigen Verfahren noch unerfahrener Vorsitzender hatte ich mich nicht nur mit mehreren Angeklagten, sondern auch mit einer Anzahl jedenfalls teilweise routinierter und mit allen Wassern gewaschener Strafverteidiger auseinander zu setzen, die meine Kollegen und mich aber in diesem Verfahren trotz einer Vielzahl von nicht immer sachgerechten und sinnvollen prozessualen Anträgen nicht in die Knie gezwungen haben und mit denen ich im Laufe meines weiteren Berufslebens noch häufiger die Klingen gekreuzt habe.

Worum ging es in diesem Strafprozess?

Der etwa dreißigjährige aus der Türkei stammende Fatih C. - seiner sind die Berliner Strafverfolgungsbehörden nie habhaft geworden - war Chef einer kriminellen Bande, die sich mit dem Diebstahl und dem anschließenden Verschieben hochwertiger

Personenkraftwagen nach Osteuropa, mit Rauschgifthandel und auch mit Waffenschiebereien und sonstigen kriminellen Geschäften befasste. Fatih war ein gewalttätiger, unberechenbarer und geltungssüchtiger Anführer, vor dem die übrigen Bandenmitglieder daher durchaus Angst hatten.

Der Hauptangeklagte unseres Verfahrens, der 26-jährige Erdal O., war seit über zehn Jahren mit Fatih eng befreundet und auch Mitglied in seiner Bande. Erdal, in der Türkei geboren, kam schon als kleines Kind nach Deutschland, wuchs hier auf und schaffte nach der 10. Klasse den Realschulabschluss. Im Berufsleben konnte er anschließend nicht so recht Fuß fassen; er hangelte sich von Gelegenheitsjob zu Gelegenheitsjob, immer wieder unterbrochen von Zeiten der Arbeitslosigkeit. Da er aber im Alter von zwanzig Jahren geheiratet hatte, inzwischen zwei kleine Kinder hatte und außerdem gerne auf großem Fuß lebte, war sein Geldbedarf zu groß, als dass er ihn mit legalen Mitteln hätte befriedigen können. Daher war Erdal sehr an einer ihm von Fatih eröffneten recht fragwürdigen „Geschäftsidee" interessiert, wonach man in den Niederlanden durch Geldinvestitionen innerhalb von zwei Wochen seinen Einsatz verdoppeln könne; dafür würden 25.000,- $ benötigt. Da beide nicht über so viel Geld verfügten, suchten und fanden sie in der Person des ihnen flüchtig bekannten 28-jährigen Sinan O., der auch auf eine schnelle Mark scharf war, einen Finanzier. Sinan besorgte im Oktober 1992 insgesamt 40.000,- DM und übergab diese Summe in der Erwartung des versprochenen hohen Gewinns an Fatih und Erdal, die mit dem Geld sogleich im Porsche des Fatih in die Niederlande fuhren und dort in einem Reisebüro mit einem Mittelsmann eine schriftliche Vereinbarung trafen, wonach 25.000,- $ eingezahlt und wenige Wochen später 100.000,- $ zurückgezahlt werden sollten. In der Erwartung, einen fetten Anteil an diesem Gewinn einzustreichen, übergaben die beiden dem Mittelsmann das von

Sinan stammende Geld. Es kam dann, wie es kommen musste; aus dem Geschäft wurde nichts, aber immerhin bekamen Fatih und Erdal die gezahlten 40.000,- DM, die seinerzeit 25.000,- $ entsprachen, zurück. Beide waren nun aber keineswegs gewillt, diese schöne Summe dem Geldgeber Sinan wieder zurückzugeben. Da Sinan sich vermutlich nicht würde vertrösten lassen, reifte in Fatih die Idee, ihn umzubringen, womit der - bis zu diesem Zeitpunkt noch unbestrafte - Erdal sogleich einverstanden war. Für ihr Vorhaben benötigten die beiden zum Mord entschlossenen Männer zwei Helfer. Diese fanden sie in zwei Bekannten, dem damals bereits 51-jährigen Angeklagten Walter P., der bis zu diesem Zeitpunkt ein unstetes, wenngleich weitestgehend straffreies Leben geführt hatte, und dem damals 20 Jahre alten Angeklagten Mahmut C. Letzterer, im Herbst 1992 auch nur unwesentlich strafrechtlich vorbelastet, war von insgesamt fünf Angeklagten (zweien von ihnen wurden andere Taten zur Last gelegt, sie spielten bei dem Mord keine Rolle) als einziger noch nicht 21 Jahre alt und machte damit unsere Jugendkammer für das gesamte Verfahren, auch für die vier erwachsenen Angeklagten, zuständig.

Fatih und Erdal holten, wie telefonisch vereinbart, am Nachmittag des 15. November 1992 die beiden Helfer mit einem Opel Monza ab und sagten ihnen zunächst nur, sie würden eine weitere Person treffen und es würde um viel Geld gehen. Anschließend fuhren sie gemeinsam in ein einsames Waldgelände in Brandenburg nahe der südwestlichen Grenze von Berlin, gar nicht so weit entfernt von meinem damaligen und auch noch heutigen Wohnsitz. Auf Geheiß des Fatih gruben die Männer mit einer von diesem mitgebrachten Schaufel am Waldrand eine etwa 1 m tiefe, 1 m breite und 2 m lange Grube. Nun wurde auch Walter P. und Mahmut C. klar, dass ein Mensch getötet und anschließend dort verscharrt werden sollte; Walter fürchtete, da er vor einiger Zeit Differenzen mit

Fatih hatte, um sein eigenes Leben, getraute sich jedoch nicht, etwas zu unternehmen, während Mahmut zwar zunächst überrascht war, dann aber keine Bedenken hatte, weiter an dem Geschehen mitzuwirken. Nach Fertigstellen der Grube fuhren die vier Männer zu einer in einem nahegelegenen Ort befindlichen Telefonzelle - Funktelefone gab es damals noch nicht - und Fatih teilte dem Geldgeber Sinan mit, sie seien aus den Niederlanden zurück und beabsichtigten, ihm jetzt sein investiertes Geld sowie den Gewinn auszuzahlen, sie wollten sich an einer von ihm näher bezeichneten Kreuzung (in der Nähe der ausgehobenen Grube) treffen. Sinan sagte zu, in etwa einer halben Stunde dort zu sein. Erdal postierte sich nun an der Kreuzung, während Fatih den PKW etwa 100 m entfernt in einem Waldweg abstellte und die Motorhaube öffnete, um eine Panne vorzutäuschen. Walter und Mahmut versteckten sich in einem Gebüsch in kurzer Entfernung von dem Opel Monza, in dessen Kofferraum sich - wie alle Beteiligten wussten - eine von Fatih besorgte Pumpgun, ein halbautomatisches Schrotgewehr befand, das zur Tat genutzt werden sollte. Eine Pumpgun schießt mit einer so erheblichen Streuung, dass auch ein ungeübter und aufgeregter Schütze jedenfalls aus kürzerer Entfernung sein Ziel treffen würde. Als Sinan mit seinem Opel Manta pünktlich an der vereinbarten Kreuzung erschien, stieg Erdal zu ihm in den PKW und dirigierte ihn die kurze Strecke bis zum von Fatih abgestellten Fahrzeug. Sinan stieg aus und wurde von Fatih herzlich mit einer Umarmung begrüßt. Während Fatih ihm erklärte, sein PKW habe eine Panne, deswegen habe er den Wagen hier im Wald abstellen müssen, ging Erdal zum Kofferraum des Monza, öffnete die Haube und ergriff abredegemäß und unbemerkt von Sinan die Pumpgun. Fatih sah dies, sprang zu Seite und schrie „schieß doch, du Sau!". Erdal schoss nun aus einer Entfernung von etwa 4 m zweimal unmittelbar hintereinander in Tötungsabsicht auf den Sinan

und traf diesen mit mindestens einer Schrotgarbe in die rechte
Schläfe. Das Opfer ging zu Boden und verstarb nach wenigen
Augenblicken. Fatih rief nun Mahmut und Walter, die das
Geschehen aus ihrem Versteck beobachtet und   - zumin-
dest Mahmut - gebilligt hatten, herbei und forderte sie auf,
den Leichnam in den Kofferraum des Manta zu legen, was sie
auch taten. Die Pumpgun wurde wieder im Monza verstaut.
Nunmehr fuhren die vier Männer - Fatih und Mahmut im
Monza, Erdal und Walter mit dem Leichnam im Manta des
Getöteten - zu der zuvor ausgehobenen nahegelegenen Grube.
Gemeinsam hoben sie den Leichnam aus dem Kofferraum,
wuchteten ihn in die Grube, schaufelten diese anschließend zu
und tarnten sie noch etwas durch darüber gelegte Zweige und
Äste. Sodann verließen die Männer mit beiden PKW den Ort
des Geschehens, ließen den Manta des Opfers einige Kilometer
weiter am Straßenrand stehen und setzten ihre Flucht gemeinsam im Monza fort; Fatih und Erdal äußerten zufrieden, dass
sie dem Sinan nun nichts mehr zurückzahlen müssten.

Etwa zwei Monate nach dem Geschehen wurden zunächst
Mahmut und Walter von der Mordkommission als Tatverdächtige ermittelt und vorläufig festgenommen. Beide schilderten
die Tötung des Sinan; während Mahmut aber den Fatih als
den Todesschützen bezeichnete, benannte Walter den Erdal
als Schützen. Auch Erdal wurde einige Tage später festgenommen, bestätigte die Tötung des Sinan und bezeichnete wie
Mahmut den Fatih, der sich erfolgreich abgesetzt hatte, als
Todesschützen. Walter arbeitete in der Folgezeit mit der Kripo
zusammen und führte diese auch zum Fundort der Leiche,
die dort etwa drei Monate nach der Tat gefunden und ge-
borgen wurde. Das von der Leichenbergung gefertigte Video
haben wir in der Verhandlung in Augenschein genommen.
Vor Gericht hat Walter seine bereits bei der Polizei abgege-

bene Tatschilderung weitestgehend bestätigt, die Kammer hat sie zur Grundlage ihrer Überzeugungsbildung gemacht. Die Schilderung von Walter, dass auf Sinan aus kurzer Entfernung von etwa 4 m geschossen worden sei, wurde durch den Waffensachverständigen der Polizei bestätigt. Diesem war vom Gerichtsmediziner nach erfolgter Obduktion der Schädel des Getöteten zur Verfügung gestellt worden. Der Schädelknochen wies an der rechten Schläfe ein unregelmäßig ausgeformtes Loch von Handtellergröße auf. Durch Schussversuche mit einer Pumpgun auf Pappscheiben hatte der Sachverständige ermittelt, dass ein Loch in der am Schädel des Getöteten aufgetretenen Größe bei einer Schussabgabe aus einer Entfernung von drei bis fünf Metern zu verzeichnen ist. Dies vermittelte er uns in der Hauptverhandlung anschaulich, wobei er uns den Totenschädel auf dem Richtertisch präsentierte; davon hatte ich ein halbes Jahr später in unserem Sommerurlaub erzählt, was bei unserem Wirtssohn zu Alpträumen geführt hatte.

Aus der sehr umfangreichen und sich über viele Verhandlungstage erstreckenden Beweisaufnahme ist mir ansonsten nur noch in Erinnerung geblieben, dass es zwischen einem in der Türkei lebenden Zeugen, der sich geweigert hatte, zur Hauptverhandlung nach Berlin zu kommen, und dem Gericht einen intensiven Faxaustausch gab, der dann durch Verlesen zum Gegenstand der Beweisaufnahme gemacht worden ist. Wie das mit der Strafprozessordnung in Einklang zu bringen war, ist mir heute nicht mehr so recht ersichtlich.

Durchaus hilfreich in diesem schwierigen Verfahren war das Mitwirken des jungen, selbstbewussten und kompetenten Staatsanwaltes Frieder Friedrich, der nicht nur aufgrund seines Gardemaßes von fast zwei Metern eine recht imponierende Erscheinung war und sich auch von der zahlenmäßigen Über-

macht auf Seiten der Verteidigung nicht „die Butter vom Brot"
nehmen ließ. Er hat später als Leiter der „Intensivtäterabtei-
lung" der Staatsanwaltschaft durchaus Karriere gemacht, bis
er sich durch allzu nassforsche Formulierungen in einem Zei-
tungsinterview in dieser Funktion selbst ausgebremst hat. Zuletzt hat Frieder Friedrich seine Karriere dann im Bereich der
Politik als Bundestagsabgeordneter fortgesetzt; dass er dies für
eine rechtspopulistische Partei tat, hat mir weniger gut gefallen.

Nach mehr als einem halben Jahr Verhandlung haben wir
schließlich am 19. Januar 1995 das Urteil verkündet:

Erdal erhielt wegen Mordes eine lebenslange Freiheitsstrafe.
Mahmut, der zwischenzeitlich wegen anderer Taten von einem
anderen Gericht zu einer Jugendstrafe von sechs Jahren verurteilt worden war, wurde unter Einbeziehung dieser Strafe
wegen Beihilfe zum Mord zu einer Jugendstrafe von zehn Jahren, der damals möglichen Höchststrafe, verurteilt. Walter war
(vielleicht etwas erstaunlich) von der Staatsanwaltschaft wegen
der Tötung des Sinan nicht angeklagt worden und erhielt wegen anderer Taten, die auch Gegenstand unseres Verfahrens
waren, eine maßvolle Freiheitsstrafe. Fatih ist nie geschnappt
worden.

Der Bundesgerichtshof hat die Revisionen von Erdal und
Mahmut verworfen. Beide verurteilten Täter sind schon lange
wieder auf freiem Fuß (in unserem liberalen Rechtsstaat bedeutet eine lebenslange Freiheitsstrafe in der Regel einen Ge-
fängnisaufenthalt von fünfzehn Jahren) und leben vermutlich
weiter unter uns.

V

Der Antiquitätenjäger

Andreas Bertram - im gleichen Jahr geboren wie der Verfasser, eine in der Jugendstrafkammer eher selten vorkommende Konstellation - ist in der DDR geboren und aufgewachsen. Sein Leben verlief zunächst eher unauffällig. Mit seiner zweiten Ehefrau betrieb er ein Restaurant an Rande des Harzes, das er nach der politischen Wende im November 1989 in ein Bordell umwandelte. Einige Zeit später begann auch die persönliche Wende im Leben des Bertram, allerdings in eine negative Richtung. Im Jahre 1993 schwängerte er eine 19-jährige aus Osteuropa stammende Prostituierte und verliebte sich in sie oder umgekehrt; jedenfalls wollte er sie von ihrem Zuhälter freikaufen. Die dafür erforderlichen 50.000,- DM lieh er sich von seinem Freund Marco Tomaschewski; beide verband das Interesse an Antiquitäten, wobei Bertram eher als Händler tätig war, während Marco T. Sammler war. Da Bertram in der Folgezeit wegen seiner jungen Freundin viel Geld benötigte, aber wenig verdiente, kam er auf die Idee, seine Kenntnisse als Antiquitätenhändler zur Begehung von Straftaten zu nutzen. Er wusste von einigen mit wertvollen Antiquitäten gut ausgestatteten Haushalten, die von älteren alleinstehenden Damen bewohnt wurden und die leer zu räumen sich seiner Ansicht nach lohnen würde. Da er sich selbst bei den von ihm beabsichtigten Taten im Hintergrund halten wollte - die in Erwägung gezogenen Opfer kannten ihn ja -, benötigte er für die unmittelbare Ausführung der Taten Helfer, die er im Oktober 1994 über einen gemeinsamen Bekannten in dem damals 17-jährigen Rico S. und dessen drei Jahre älteren Kumpel Mario D. fand. Rico war nach den ersten sechs Lebensmonaten, die er in einem Heim in der DDR verbracht hatte, von einem kinderlosen Ehepaar adoptiert worden. Trotz seines noch jugendlichen Alters war er bis zum Herbst 1994 schon mehrfach mit Körperverletzungsdelikten in Erscheinung getreten, auch Mario war bereits, allerdings nicht wegen Gewaltdelikten, auffällig geworden. Beide waren jedenfalls sofort bereit, an den von Bertram vorgeschlagenen Raubtaten zu Lasten der älteren Damen mitzuwirken. Am 27. und 29. Oktober 1994 begingen die drei Männer, Bertram dabei mit einer scharfen Schusswaffe ausgestattet, die beiden jungen Männer jeweils mit Schreckschusspistolen, in Ausführung des Planes von Bertram zwei brutale Raubüberfälle, den einen gegen eine ältere Pfarrerswitwe, die in der Nähe der Heimat der Täter im Harz wohnte, den zweiten gegen eine alleine in einer großen Villa in der Nähe der polnischen Grenze lebende Frau. Im ersten Fall raubten die Täter mehrere Ölgemälde und Meissner Porzellan und ließen das Opfer gefesselt auf dem Dachboden zurück; im zweiten Fall waren sie nur deshalb nicht „erfolgreich", weil sie beim Durchschneiden des Telefonkabels versehentlich ein weiteres Kabel durchtrennt hatten, was zu einem Ausfall des Fernsehempfanges auch in anderen Häusern des Dorfes geführt hatte; als die angesichts solcher Beeinträchtigung der Lebensqualität von Dorfbewohnern sofort alarmierten Männer des Antennen-Notdienstes an der Villa erschienen, Einlass begehrten, im Flur die bereits zusammengestellten zahlreichen Gemälde sahen und sich anschickten, die Polizei zu alarmieren, ergriffen die Täter Hals über Kopf ohne Beute die Flucht.

Bertram war mit Ergebnis und Verlauf dieser beiden Taten alles andere als zufrieden. In dieser Situation entsann er sich seines Freundes Marco T., der ihm seinerzeit mit der Ablösesumme für die Prostituierte geholfen hatte. Dieser Freundschaftsdienst hinderte Bertram jedoch keineswegs, nunmehr in die Überlegung einzutreten, den in Berlin lebenden Marco T. um die in seiner Wohnung befindlichen wertvollen Antiquitäten zu bringen. Da dieser ihn ja gut kannte und bei einem Raubüberfall vermutlich sogleich einen Verdacht gegen ihn äußern würde, selbst wenn er bei der eigentlichen Tatausführung nicht persönlich in Erscheinung treten würde, zog Bertram vermutlich bereits zu diesem Zeitpunkt in Erwägung, seinen Freund von einem seiner jüngeren Helfer umbringen zu lassen, was er diesen allerdings so konkret zunächst nicht sagte. Bertrams junge Mittäter waren jedenfalls sofort bereit, auch an einem dritten Raubüberfall teilzunehmen; eher allgemein sprach Bertram im Vorfeld davon, das Opfer müsse platt gemacht und die Wohnung anschließend abgefackelt werden, da der zu Überfallende ihn ja kennen würde; das nahmen die beiden jungen Männer zunächst möglicherweise nicht ganz ernst. In Vorbereitung der geplanten Tat suchte Bertram mit einem weiteren Gehilfen, dem eher unbedarften polnischen Mitangeklagten Zbigniew Bartosz, den 41-jährigen Marco T. in seiner Wohnung in Berlin innerhalb von wenigen Tagen in der ersten Hälfte des November 1994 insgesamt dreimal auf; dabei gaukelte er dem T. wahrheitswidrig vor, es ginge um die Rückzahlung des Darlehens über 50.000,- DM, er, Bertram, erwarte in den nächsten Tagen aus Polen die Lieferung eines Barockzimmers, welches deutlich mehr als die geschuldete Summe wert sei und welches er dem T. anstelle der Rückzahlung überlassen wolle. Tomaschewski war zwar ziemlich skeptisch, lehnte den Vorschlag des Bertram jedoch auch nicht ab. Die vier Männer entschlossen sich dann, den geplanten Überfall am Abend des Bußtages, des 16. November 1994, durchzuführen. Gegen 21 Uhr suchten sie mit einem zum Abtransport der erwarteten Beute geeigneten Kleintransporter die Wohnanschrift des Opfers auf. Bertram war wie üblich mit seiner scharfen Schusswaffe mit Schalldämpfer bewaffnet, die beiden jungen Männer hatten wiederum Schreckschusswaffen, Rico S. führte außerdem eine ca. 40 cm lange und recht schwere Taschenlampe mit sich. Während Bartosz im Fahrzeug wartete, betraten die drei anderen den Hausflur, in dem Bertram zunächst verblieb. Rico S. und Mario D. begaben sich in den 2. Stock und klingelten an der Wohnungstür des Marco T.; als sich von innen Schritte näherten, äußerte Rico gemäß der Anordnung des Bertram, dabei bemüht, einen polnischen Akzent nachzuahmen „die Möbel sind da", woraufhin der bereits im Schlafanzug befindliche T. tatsächlich die Tür öffnete. Mario D. hielt dem Wohnungsinhaber mit dem Wort „Überfall" sogleich die Schreckschusswaffe vor, wodurch sich Marco T. jedoch nicht einschüchtern ließ und sich sogleich auf Mario D. stürzte. Während der sich zwischen den beiden entwickelnden Auseinandersetzung trat plötzlich der 5-jährige Sohn von Marco Tomascheswki hinzu und fragte erstaunt „kämpft ihr beide?" Nun griff Rico S. ein, schob den Jungen zurück ins Kinderzimmer, aus dem er gekommen war, und schärfte ihm ein, nicht wieder heraus zu kommen. Was der kleine Junge von dem weiteren Geschehen mitbekommen hat, konnten wir im Verfahren nicht klären. Als Rico S. wenige Augenblicke später vom Kinderzimmer zu den beiden Männern zurück kam, hatte Mario D. das Opfer im Schwitzkasten, es aber noch nicht zu Boden gerungen; in dieser Situation ergriff Rico die schwere Taschenlampe und schlug diese mit voller Wucht dem Marco T. auf den Kopf. Das Opfer erlitt dadurch einen Schädelbruch und stürzte stark blutend zu Boden. Rico S. zerrte das bewusstlose Opfer in einen Abstellraum und fesselte es dort. Mittlerweile hatte auch Bertram die Wohnung betreten und gab Anweisungen, welche Gegenstände mitgenommen werden sollten. In der Zwischenzeit erwachte Marco T. aus seiner Bewusstlosigkeit und rief mehrfach laut „da steckt doch der Bertram dahinter"; spätestens diese von Bertram wahrgenommenen Rufe waren sein Todesurteil.

Zunächst legte Rico S. dem am Boden liegenden Opfer ein Kabel um den Hals, trat ihm zugleich mit dem beschuhten Fuß ins Genick und zog so heftig zu, bis Marco T. wieder bewusstlos wurde. Sodann beteiligte sich Rico S. am Ausräumen der Wohnung; die Täter nahmen sieben Ölgemälde, drei Kaminuhren, antiquarisches Blechspielzeug und eine wertvolle Barockkommode, auf die es Bertram besonders abgesehen hatte, mit und verstauten die Beute auf dem Transporter. Gegen Ende des Geschehens waren nur noch Bertram und Rico S. in der Wohnung des weiter bewusstlosen Opfers. Bertram ergriff nun seine Schusswaffe, schraubte den Schalldämpfer auf und gab sie Rico S. mit dem ganz vornehmlich in seinem eigenen Interesse liegenden Auftrag, nunmehr den Wohnungsinhaber zu erschießen; als Rico S. etwas zögerte, äußerte Bertram „Hast du denn Lust, ewig im Knast zu sitzen? Der Marco kann dich doch wiedererkennen!". Nun ergriff Rico die Waffe und begab sich, während Bertram in der sicheren und zutreffenden Erwartung, sein Auftrag werde ausgeführt, die Wohnung verließ, zu dem bereits schwer verletzten, gefesselten und vermutlich weiterhin bewusstlosen Marco Tomaschewski, hielt ihm ein Kissen vor das Gesicht und drückte aus kürzester Entfernung ab, um den einzigen Tatzeugen zu beseitigen. Das Opfer verstarb wenige Augenblicke später infolge der durch den Kopfschuss erlittenen Hirnzerstörung. Rico S. begab sich nach der Tat ebenfalls zum Fluchtfahrzeug und teilte Bertram und den anderen mit, er habe den Marco auftragsgemäß erschossen. Die vier Männer flüchteten mit der Beute; Bertram setzte die Barockkommode und eine Kaminuhr am übernächsten Tag für 6000,- DM und das Blechspielzeug für 2500,- DM ab und lagerte die Ölgemälde zunächst bei einem Pfarrer ein; Rico S. und Mario B. setzten die beiden verbliebenen Kaminuhren bei einem anderen Abnehmer für 1200,- DM ab.

Das furchtbare Geschehen wurde schnell aufgedeckt, nachdem eine junge Kindergärtnerin am frühen Morgen des 17. November 1994 den ihr bekannten fünfjährigen Sohn des Opfers in verwirrtem Zustand alleine auf der Straße angetroffen und nach dessen Erzählungen, was am gestrigen Abend geschehen sei, die Polizei alarmiert hatte. Bertram und Bartosz wurden bereits am 19. November 1994, Rico S. am 23. November 1994 und Mario D. am 1. Dezember 1994 von der Polizei vorläufig festgenommen und nach Erlass entsprechender Haftbefehle in Untersuchungshaft genommen.

Im Prozess, der im Oktober und November 1995 an zehn Verhandlungstagen stattfand, waren die beiden jungen Helfer Rico S. und Mario D. hinsichtlich aller drei Taten umfassend geständig; Rico S. hat auch ausdrücklich bejaht, selbst geschossen zu haben. Bertram war hinsichtlich der beiden Raubtaten geständig, hinsichtlich der Tat zum Nachteil seines Freundes Tomaschewski meinte er, es habe sich um einen zwischen ihnen beiden abgesprochenen vorgetäuschten Überfall zwecks Betruges der Versicherung gehandelt, mit dem Tod seines Freundes habe er nichts zu tun. Bertram ist aber zweifelsfrei als Initiator aller drei Taten und insbesondere des Mordes durch die überzeugenden Angaben der beiden jungen Männer überführt worden, desgleichen Bartosz, der von nichts gewusst haben wollte.
Besonders in Erinnerung geblieben ist mir aus diesem Verfahren die Aussage des Vaters des Ermordeten, der zwar zur Aufklärung des unmittelbaren Tatgeschehens nichts beitragen konnte, den zu hören ich aber, um auch dem Opfer indirekt eine Stimme zu geben, für geboten hielt. Am Ende seiner Aussage wandte er sich direkt an den Bertram mit den Worten „Er war doch dein Freund! Ich verstehe dich nicht!"; es war dies einer der seltenen Momente in meinen vielen Moabiter Jahren, in denen man eine Stecknadel hätte fallen hören können.

Am 13. November 1995, fast auf den Tag genau ein Jahr nach dem Mord, wurde das Urteil der Strafkammer 9 wie folgt verkündet:

Bertram wurde wegen Mordes und wegen der beiden Raubtaten zu einer lebenslangen Gesamtfreiheitsstrafe verurteilt; die Kammer hat bei ihm die besondere Schwere der Schuld festgestellt, was eine Entlassung nach 15 Jahren ausschloss und eine solche erst nach 18 oder 19 Jahren ermöglicht hätte.

Rico S. wurde wegen Mordes und der beiden Raubtaten zu der höchstmöglichen Jugendstrafe von zehn Jahren verurteilt.

Mario D. war ein Mitwirken am Mord nicht nachzuweisen; er wurde wegen dreier Raubtaten zu einer Jugendstrafe von sechs Jahren verurteilt.

Zbigniew Bartosz wurde wegen Beihilfe zum versuchten Diebstahl und zum schweren Raub zu einer Gesamtfreiheitsstrafe von drei Jahren verurteilt.

Der Bundesgerichtshof hat die Revisionen der Angeklagten verworfen.

Leider hatte dieses Verfahren hinsichtlich der Angeklagten Andreas Bertram und Rico S. ein für die Berliner Justiz aus meiner Sicht nicht eben glückliches Nachspiel.
Etwa ein Jahr nach Eintritt der Rechtskraft des Urteils beantragte die Staatsanwaltschaft Berlin hinsichtlich des Angeklagten Bertram die nachträgliche Bildung einer Gesamtstrafe mit einer inzwischen ebenfalls rechtskräftigen niedrigen Geldstrafe, ein rechtlich gebotener formaler Akt, der an der Verhängung der lebenslangen Freiheitsstrafe nicht das gering-

ste ändern würde und sollte; wir als dafür zuständige Strafkammer haben dem Antrag durch Beschluss vom Juli 1997 entsprochen. Die seinerzeit durch unser Urteil ausgesprochene besondere Schwere der Schuld, an der natürlich nicht gerührt werden sollte, war nicht Gegenstand unseres Beschlusses, der von der Staatsanwaltschaft dementsprechend auch nicht mit der sofortigen Beschwerde angegriffen wurde, zumal er deren Antrag entsprach; gleichwohl wäre es - wie sich noch zeigen wird - besser gewesen, wenn wir die besondere Schwere der Schuld hier erneut ausdrücklich bejaht hätten.

Als viele Jahre vergangen waren und Bertram nahezu 15 Jahre in Haft verbracht hatte, meldete sich für ihn ein findiger oder sollte ich sagen windiger Anwalt und beantragte dessen Entlassung mit dem Hinweis, in dem nachträglichen Gesamtstrafenbeschluss sei ja von der besonderen Schwere der Schuld nicht mehr die Rede gewesen. Diesem aus Sicht der Kammer abwegigen Ansinnen widersprachen wir durch einen erneuten Beschluss, in dem wir ausführten, dass sich an der im Urteil erfolgten Feststellung der besonderen Schwere der Schuld durch unseren seinerzeit auf Antrag der Staatsanwaltschaft erlassenen Beschluss vom Juli 1997 selbstverständlich nichts geändert habe. Auf die Beschwerde von Bertram entschied das Kammergericht (dort sitzen besser bezahlte und daher möglicherweise auch klügere Richter), dass die besondere Schwere der Schuld weggefallen sei, weil wir sie in unserem Beschluss vom Juli 1997 nicht ausdrücklich aufrechterhalten hätten. Diese eher formalistische Rechtsauffassung des Kammergerichtes hatte zur Folge, dass ein schwerkrimineller Mörder und mehrfacher Räuber, der einen Minderjährigen dazu gebracht hatte, einen Menschen zu erschießen, entgegen einem vom Bundesgerichtshof als richtig erkannten Urteil mehrere Jahre früher als geboten aus dem Gefängnis entlassen wurde.

Auch in Teil zwei des Nachspiels dieses Verfahrens spielt das Kammergericht aus meiner Sicht keine glückliche Rolle. Rico S. kam während der Verbüßung seiner Jugendstrafe im Gefängnis mit Drogen in Kontakt, leider keine Seltenheit.

Da er diesen Drogenkonsum gegenüber den Verantwortlichen geschickt zu verbergen verstand, bekam er im Jahre 2000, also nach Verbüßung von etwa der Hälfte seiner zehnjährigen Jugendstrafe, sogenannte Vollzugslockerungen, durfte also das Gefängnis stunden- oder tageweise verlassen. Dieses Entgegenkommen missbrauchte der inzwischen 23-jährige Rico S. zur Begehung eines Raubüberfalles; er wurde deswegen am 22. März 2001 von einer für Erwachsene zuständigen Strafkammer des Landgerichts Berlin rechtskräftig zu einer Freiheitsstrafe von vier Jahren verurteilt. In diesem Verfahren war die theoretisch durchaus denkbare zusätzliche Anordnung der Sicherungsverwahrung - eine Art Knast nach dem Knast für besonders gefährliche Täter - kein Thema; sie wurde weder von der Staatsanwaltschaft beantragt noch vom Gericht diskutiert. Im weiteren Verlauf musste Rico S. nun die von uns verhängten zehn Jahre Jugendstrafe und die von den Kollegen verhängten vier Jahre Freiheitsstrafe voll verbüßen. Kurz vor Ende dieser Zeit beantragte die Staatsanwaltschaft bei unserer Kammer gegen Rico S. die   - inzwischen vom Gesetzgeber ermöglichte - nachträgliche Anordnung der Sicherungsverwahrung. Wir lehnten eine entsprechende mündliche Gerichtsverhandlung und die vom Gesetzgeber vorgeschriebene vorherige Begutachtung des Angeklagten durch einen Psychiater ab, weil die rechtlichen Voraussetzungen der nachträglichen Sicherungsverwahrung eindeutig nicht vorlagen; der Bundesgerichtshof hatte in mehreren Entscheidungen unmissverständlich ausgeführt, dass die nachträgliche Anordnung der Sicherungsverwahrung nicht der Korrektur eines als möglicherweise falsch erkannten früheren Urteils dienen dürfe. Exakt so lag der Fall hier; in dem Verfahren, das zu dem Urteil vom 22. März 2001 geführt hatte, hätte die Sicherungsverwahrung geprüft und möglicherweise auch verhängt werden können. Dass dies - möglicherweise zu unrecht - nicht geschehen war, darf nach dem Bundesgerichtshof nicht nachträglich korrigiert werden. Die Staatsanwaltschaft wollte das aber nicht einsehen und legte gegen unsere Entscheidung Beschwerde ein. Das Kammergericht setzte sich nun mit unserer Argumentation nicht wirklich auseinander und zwang uns, eine mündliche Verhandlung und zuvor die medizinische Begutachtung des Angeklagten durchzuführen. Das aus meiner Sicht unnötigerweise erhebliche Zeit und ziemlich viel Steuergeld kostende Verfahren endete - nicht wirklich überraschend - mit der Ablehnung des Antrages auf Anordnung der nachträglichen Sicherungsverwahrung. Wenigsten zeigte die Staatsanwaltschaft eine - wenn auch späte - Einsicht und nahm nach Lektüre unserer schriftlichen Urteilsgründe die von ihr zunächst eingelegte Revision zurück.

VI

Der tote Richter

Eines Morgens im Januar 1997 bekam unsere Kollegin Gudrun Meyer innerhalb von zwei Stunden drei Anrufe von Freundinnen, die in besorgtem Tonfall fragten „ist bei Euch alles in Ordnung?" oder „wie geht es Deinem Mann?" oder „geht es Euch beiden gut?". Die völlig arglose Kollegin antwortete jedes Mal „ja, danke, es geht uns gut.", fragte aber beim dritten Anruf ihre Gesprächspartnerin nach dem Grund für diese ihr merkwürdig erscheinende besorgte Frage. „na, weißt du denn nicht, in der Zeitung stand heute, dass der Vorsitzende Richter am Verwaltungsgericht M. ermordet aufgefunden worden ist, und da hatten wir Angst um Deinen Mann." Der Ehemann unserer Kollegin, der Vorsitzender Richter am Verwaltungsgericht war, erfreute sich bester Gesundheit, die Zeitungsmeldung war aber gleichwohl zutreffend, denn einer seiner Kollegen am Verwaltungsgericht namens Marbach war am Vortag tatsächlich in einem auf einen zugefrorenen Berliner See geschobenen VW Golf tot und augenscheinlich ermordet aufgefunden worden.

Doch der Reihenfolge nach:

Die Geschichte begann eigentlich fast märchenhaft; der Richter (später Vorsitzende Richter) am Verwaltungsgericht Dietrich Marbach und seine Ehefrau, die Studienrätin Charlotte Marbach, also ein gutsituiertes Ehepaar, waren schicksalhaft kinderlos geblieben. So entschlossen sie sich, um einerseits ihren Wunsch nach einer „richtigen" Familie erfüllt zu sehen, andererseits ansonsten benachteiligten Kindern einen womöglich jahrelangen Heimaufenthalt zu ersparen, zur Adoption, was von den dafür zuständigen Behörden ob der optimal erscheinenden äußeren Bedingungen auch sogleich genehmigt wurde. Daher adoptierte das Ehepaar im Jahre 1978 ihre erste Tochter Viola, knapp zwei Jahre später Chantal, die im vorliegenden Verfahren eine traurig-negative Hauptrolle spielen wird, und schließlich noch Gwendolin. Der schöne Schein hielt leider nicht dauerhaft an; nach der dritten Adoption entfremdete sich das Ehepaar zunehmend voneinander, was schließlich 1990 zur Trennung und sodann zur Scheidung des Ehepaares führte. Die Mutter erhielt das Sorgerecht für die drei Mädchen, die auch bei ihr wohnten, und der Vater zog in eine 51 qm kleine Zwei-Zimmer-Eigentumswohnung. Während es mit dem älteren und dem jüngeren Mädchen keine besonderen Probleme gab, gestaltete sich die Entwicklung von Chantal spätestens seit der mit elf Jahren einsetzenden Pubertät schwierig; insbesondere mit ihrer Adoptivmutter kam Chantal überhaupt nicht klar. Zu ihrem Adoptivvater hatte das Mädchen zunächst ein einigermaßen gutes Verhältnis. Daher erhielt dieser 1992 für Chantal das Sorgerecht und sie zog zu ihm in die kleine Wohnung. Leider war der Vater in keiner Weise in der Lage, gegenüber seiner 12-jährigen Tochter gewisse Grenzen zu ziehen, schon gar nicht, diese auch durchzusetzen. So konnte er es auch nicht verhindern, dass seine Tochter schon im Alter von 12 Jahren eine Beziehung zu einem acht Jahre älteren Mann einging, dessen hervorstechende Eigenschaft der häufige Konsum von Drogen und Alkohol war. Mit 14 Jahren wurde Chantal von diesem Mann schwanger; sie widersetzte sich dem ihr von allen Seiten, auch von ihrem Vater, dringend empfohlenen Abbruch der Schwangerschaft. Die Schwangerschaft endete dann gleichwohl nach mehreren Monaten mit einer Fehlgeburt. Von diesem Zeitpunkt an verschlechterte sich das Verhältnis zwischen Vater und Tochter rapide; Chantal steigerte sich in den abwegigen Gedanken hinein, ihr Vater habe ihr Baby „ermordet". Zusätzlich wurde ihr Verhältnis dadurch getrübt, dass der Vater nach der Scheidung über Zeitungsannoncen - parship.de gab es damals noch nicht - eine neue Partnerin suchte und in der Zeugin Marion Luther schließlich auch fand. Chantal war eifersüchtig und wollte den Vater ganz für sich haben. Da ihr dies nicht gelang, wurde aus der anfangs vorhandenen Zuneigung zum Vater im Laufe der Zeit ein immer intensiveres Hassgefühl. Zunächst eher nebulös, später dann immer intensiver und schließlich auch konkreter, kam in Chantal der Gedanke auf, der Vater müsse weg, müsse umgebracht werden; diese Gedankenspiele äußerte sie auch gegenüber Freunden, ohne dass sich daraus zunächst Konsequenzen ergeben hätten. Im September 1996 lernte das junge Mädchen den nahezu gleichaltrigen Maik Niedeck kennen, der bis dahin unter schwierigen Bedingungen in zwei verschiedenen Pflegefamilien aufgewachsen war und seiner ersten großen Liebe bedingungslos verfallen war. Bereits im Oktober 1996 zog er zu Chantal in die 51-qm-Wohnung des Vaters, wiederum ohne dass dieser in der Lage gewesen wäre, seiner Tochter diesen Wunsch, der eher einer Forderung gleichkam, abzuschlagen, obwohl er eigentlich nicht damit einverstanden war. Maik wurde nun in der Folgezeit von Chantal in geradezu manipulativer Weise immer wieder mit ihrem Wunsch, den Vater als den Mörder ihres Babys umzubringen, konfrontiert und trat diesem Gedanken Schritt für Schritt näher. Am 16. Januar 1997 kamen zwei weitere Freunde von Chantal, der knapp 20-jährige bereits vielfach vorbestrafte Dennis K. und dessen Freundin, die 17-jährige Nancy R. mitsamt dem gemeinsamen, einen Monat alten Baby zu Besuch in die Wohnung. Wie üblich gelang es Chantal, ihrem Vater die Erlaubnis abzuringen, dass - wenn auch nur für eine Nacht - diese weiteren zwei Personen und das Baby in ihrem Zimmer übernachten durften. In dieser Nacht wurde nun - nach dem Genuss von Bier und Marihuana - der von Chantal wiederum intensiv geäußerte Wunsch, ihr Vater möge umgebracht werden, unter den vier jungen Menschen erörtert. Dabei kam auch zur Sprache, dass dann doch Dennis und Nancy mit ihrem Baby dauerhaft dort einziehen könnten, was alle Beteiligten begrüßen würden. Am nächsten Abend - Chantal hatte die von ihrem Vater für eine Nacht erteilte Übernachtungsgenehmigung für Dennis und Nancy eigenmächtig verlängert - wurden die am Vorabend geführten Mordüberlegungen fortgeführt, während Chantals Vater im Nachbarzimmer, wie üblich einige Flaschen Bier konsumierend, seine Akten bearbeitete und an der Schreibmaschine etwas niederschrieb. In den Gesprächen, an denen sich Chantal und die beiden jungen Männer, nicht aber Nancy, beteiligten, wurden verschiedene Tötungsmodalitäten erörtert und wieder verworfen. Schließlich erklärte sich Maik bereit, die Tat mit einem von ihm vor zwei Monaten gekauften und in der Wohnung befindlichen ca. 60 cm langen Schlagstock aus massivem Holz, der als geeignet erachtet wurde, durchzuführen. Dennis, der bei der Tötung selbst nicht aktiv werden wollte, aber sich bereit erklärte, beim Abtransport der Leiche zu helfen, zeigte Maik noch, wie er den Vater mit einem Elektrokabel erdrosseln könnte, wenn es mit dem Totschläger nicht klappen würde. Chantal schürte während dieser Gespräche die Wut von Maik auf ihren Vater, indem sie ihn immer wieder als den Mörder ihres Babys beschimpfte. Nancy machte noch einen halbherzigen, aber erfolglosen Versuch, die drei anderen von ihrem Tun abzuhalten. Als das Geklapper der Schreibmaschine aus dem Nachbarzimmer gegen 22 Uhr nicht mehr zu hören war, ergriff Maik den Schlagstock, um die Tat, zu der ihn Chantal seit Wochen gedrängt hatte, durchzuführen. In diesem Augenblick sagte Chantal zu ihm „warte noch eine halbe Stunde, dann ist mein

Vater fest eingeschlafen!" Maik hörte - wie immer - auf seine Freundin und begab sich schließlich um 22 Uhr 30 mit dem Schlagstock in das Zimmer des dort fest schlafenden Dietrich Marbach. Er trat an das Bett und schlug mit dem Schlagstock mit voller Kraft auf die linke Kopfseite des Mannes ein, der ihn drei Monate zuvor in seiner Wohnung aufgenommen hatte. Unter der Wucht der mindestens fünf, wahrscheinlich aber zwölf Schläge zerbarst der Schädel des Opfers, sein Blut spritzte bis an die Zimmerwände und sogar die Zimmerdecke. Was geht in einem sechszehnjährigen Jungen vor, der so etwas macht? Wir haben es in der Verhandlung nicht ergründen können! Die Geräusche der Schläge hatten die drei übrigen jungen Menschen im Nachbarzimmer gehört und sich die Ohren zugehalten; Dennis wurde zudem schlecht, er musste sich übergeben. Als Maik mit blutverschmierten Händen und ebensolcher Kleidung ins Nachbarzimmer zurückkehrte, wurde er von Chantal und Dennis gefragt „ist er tot?", worauf Maik erwiderte „er röchelt noch" und sich das Kabel griff, dessen Gebrauch zum Erdrosseln ihm Dennis zuvor erläutert hatte. Maik begab sich wieder zum Opfer, legte ihm das Kabel von hinten um den Hals, stemmte ein Knie in den Nacken des Vaters und versuchte, ihn so zu erdrosseln und endgültig zu töten; das gelang ihm aber nicht recht, weil ihm das Kabel immer wieder durch seine blutigen Hände glitschte. Daraufhin ergriff Maik erneut den Schlagstock, befestigte an dessen Enden das Trageband einer Sporttasche, legte dem bereits tödlich verletzten Vater das Band um den Hals und begann, den Schlagstock zu drehen, bis die Atemwege von Dietrich Marbach blockiert waren und er starb. Um sicher zu gehen, dass das Opfer tatsächlich tot war, ging Maik ins Bad, ließ Wasser in die Wanne, schleifte den Körper des Getöteten dorthin und tauchte dessen Kopf so lange unter Wasser, bis er erkannte, dass keinerlei Blasen mehr aufstiegen. Während sich Chantal unmittelbar nach dem gewaltsamen Tod ihres Vaters 300,- DM aus dessen Portemonnaie nahm, wickelte Maik den Leichnam in eine Bettdecke und wuchtete diesen sodann etwa gegen 23 Uhr - jederzeit hätten andere Hausbewohner erscheinen können - zusammen mit Chantal polternd durchs Treppenhaus nach unten, wobei nach einem Stolpern plötzlich ein Arm der Leiche aus der Bettdecke schlug. Gemeinsam mit Dennis gelang es ihnen, die Leiche in den vor dem Haus abgestellten VW Golf des Vaters zu zerren. Anschließend trennten sich die vier jungen Menschen; während Nancy und Dennis sich zu Nancys Mutter begaben, fuhren Maik und Chantal mit dem Auto, in dem sich die Leiche befand, auf einen zur damaligen Winterzeit zugefrorenen in der Nähe gelegenen See. Maik übergoss PKW und Leiche mit Benzin in dem Bestreben, durch Verbrennen Spuren zu beseitigen und den Wagen womöglich in den Fluten versinken zu lassen. Er unterließ es aus nicht geklärten Umständen jedoch dann, den Wagen anzuzünden, und begab sich mit Chantal zurück zur Tatwohnung, die ungestört durch den Vater nutzen zu können ja eines der Motive für die Mordtat war; da die beiden jungen Leute in der Hektik aber den Wohnungsschlüssel vergessen hatten, übernachteten sie in einem nahegelegenen Hotel, das sie von dem geraubten Geld bezahlten.

Der auf dem zugefrorenen See abgestellte PKW mit dem Leichnam wurde schnell gefunden, die Polizei kam sofort auf die Spur von Chantal und Maik; beide wurden bereits am 18. Januar 1997 in der Wohnung der leiblichen Mutter von Chantal, zu der diese seit einiger Zeit Kontakt aufgenommen hatte, festgenommen. Auch Dennis und Nancy wurden wenige Tage später von der Polizei geschnappt.

In der Hauptverhandlung hat Chantal jegliche Schuld von sich gewiesen; sie habe nur ganz allgemein und in keiner Weise ernstgemeint von der Tötung ihres Vaters gesprochen. Ihr

Freund Maik müsse ihre Äußerung „mein Vater kotzt mich an, es wäre besser, wenn er weg wäre" falsch verstanden haben; sie habe gar nicht gewusst, was passiert sei, als Maik an dem Abend plötzlich mit blutigen Händen in ihr Zimmer gekommen sei.

Diese Einlassung hat ihr die Kammer nicht geglaubt. Maik hat das gesamte Tatgeschehen einschließlich der Vorgeschichte mit dem wiederholten intensiven Einwirken von Chantal auf ihn detailliert und glaubhaft so geschildert, wie es oben dargelegt ist; er hat sich selbst dabei nicht geschont und auch die grausigen Einzelheiten seines Tuns geschildert. Nancy und Dennis waren ebenfalls in vollem Umfang geständig. Alle drei haben insbesondere auch die Äußerung von Chantal kurz vor der Tatbegehung „warte noch eine halbe Stunde, dann ist mein Vater fest eingeschlafen!" übereinstimmend geschildert. Nachdem Chantal in der Hauptverhandlung zunächst meinte, sich an diese Äußerung nicht erinnern zu können, verstieg sie sich im weiteren Verlauf des Verfahrens zu der eher grotesken Behauptung, sie habe diese Bemerkung aus Rücksichtnahme auf ihren Vater gemacht, der nicht habe gestört werden sollen.

Insgesamt hatten wir Richter keinerlei Zweifel, dass sich das Geschehen in der von mir geschilderten Weise zugetragen hat.

Die Kammer hat in der Hauptverhandlung versucht, neben der Aufklärung des Tatgeschehens - dies ist ihr gelungen - ein nachvollziehbares Motiv für die Tat zu finden, da sie der Auffassung war, weder die Wut von Chantal auf ihren Vater als den angeblichen Mörder ihres Babys noch der Wunsch, alleine über die Wohnung verfügen zu können, seien dafür ausreichend. Diese Suche war nicht erfolgreich; der in der Kammer - möglicherweise aufgrund der Vielzahl der von ihr geführten entsprechenden Verfahren - aufgekommene Verdacht eines sexuellen Missbrauch seiner Adoptivtochter seitens des Vaters hat sich auch nicht ansatzweise bestätigt; weder Chantal noch die Verteidigung haben etwas in dieser Richtung angedeutet, wobei es doch ein Leichtes gewesen wäre, derartige Behauptungen aufzustellen, wenn sich der Betroffene dagegen nicht mehr wehren kann, noch hat es sonst auch nur den Hauch eines Hinweises auf ein derartiges Tun gegeben.

Aus der Hauptverhandlung sind mir ansonsten noch zwei Dinge in Erinnerung. Während ihrer Aussage saß die mittlerweile 17-jährige leicht pummelige Chantal mit trotzig-bockigem Schmollmund und weitestgehend ohne Blickkontakt zu uns Richtern vor uns und spielte die ganze Zeit mit einem Kuscheltier; als ihr dies einmal zu Boden fiel, sprang ihre etwa 50-jährige Verteidigerin auf, bückte sich, hob das Stofftier auf und reichte es ihrer Mandantin. Auf meine Bemerkung „das kann Ihre Mandantin auch selbst aufheben!" entgegnete die Verteidigerin leicht zickig „das müssen Sie schon mir überlassen!", woraufhin ich erwiderte „und mir müssen Sie überlassen, das zu kommentieren". Im übrigen bin ich mit der Verteidigerin in diesem Verfahren recht gut zurecht gekommen; einen ihrer Lieblingssprüche „die Verteidigung musste psychologische Schwerstarbeit leisten" hat sie in diesem Verfahren wohl zutreffend angebracht.

In Erinnerung ist mir auch noch die bedrückende Situation, als erst die geschiedene Ehefrau des Opfers und dann die Lebensgefährtin versuchten, Dietrich Marbach in seinem Verhalten gegenüber Chantal zu charakterisieren; weitestgehend übereinstimmend schilderten sie, wie er oft hilflos-verzweifelt die Schultern hochzog und die Arme in einer Geste „was soll ich denn machen?" auseinanderzog.

Am 8. September 1997 haben wir das Urteil wie folgt verkündet:

Chantal M. und Maik N. wurden wegen Mordes verurteilt, Chantal zu einer Jugendstrafe von acht Jahren und sechs Monaten , Maik zu einer Jugendstrafe von acht Jahren und drei Monaten. Von der eigentlich naheliegenden Verhängung der Höchststrafe von zehn Jahren für die beiden Jugendlichen haben wir im Hinblick auf das Ergebnis des psychiatrischen Gutachtens Abstand genommen. Der Gutachter, ein langjährig erfahrener und der Kammer aus vielen Verfahren als kompetent bekannter medizinischer Sachverständiger, hat Chantal eine durchschnittliche intellektuelle Leistungsfähigkeit mit einem IQ von 97 sowie emotionale Reiferückstände, verbunden mit einer Gehemmtheit und einer Störung der Kontaktfähigkeit, attestiert und diese Defizite insgesamt als Persönlichkeitsstörung von Krankheitswert bewertet; ihre Schuldfähigkeit zur Tatzeit sei daher erheblich vermindert gewesen. Zumindest aus der Rückschau von mehr als zwanzig Jahren überzeugt mich das heute nicht mehr so recht, damals haben wir aber keine stichhaltigen Argumente gefunden und uns deshalb auch nicht in der Lage gesehen, uns über das medizinische Gutachten hinweg zu setzen. Hinsichtlich Maik hat der Gutachter einen erheblichen Mangel bei der Einordnung von Realitäten feststellen können, verbunden mit einer emotionalen Unreife; dadurch sei seine Fähigkeit, bei Problembewältigungen die „richtigen" Entscheidungen zu treffen, beeinträchtigt; auch bei ihm liege bei einer intellektuellen Leistungsfähigkeit, die mit einem IQ von 88 so eben noch im Normbereich liege, eine Persönlichkeitsstörung von Krankheitswert vor, die seine Schuldfähigkeit zum Tatzeitpunkt erheblich vermindert erscheinen lasse. Auch insoweit sind wir damals dem Gutachter gefolgt, obwohl auch die Schlussfolgerungen hinsichtlich Maik für mich jetzt nicht mehr völlig überzeugend erscheinen.

Ein bisschen ist schon etwas dran, wenn die medizinischen Gutachter in Strafverfahren ob ihrer erheblichen faktischen Macht als

„Richter in Weiß" bezeichnet werden.

Dennis K. wurde wegen Beihilfe zum Mord unter Einbeziehung dreier weiterer Urteile zu einer Jugendstrafe von sieben Jahren verurteilt, Nancy R. wurde wegen unterlassener Hilfeleistung zu einer Jugendstrafe von zwei Jahren mit Strafaussetzung zur Bewährung verurteilt.

Die bei dem Verfahren anwesenden Wachtmeister, von mir nach Urteilsverkündung interessehalber zum Ausgang des Verfahrens befragt, äußerten große Zufriedenheit über den Umstand, dass die Adoptivtochter eine höhere Strafe als ihr Freund bekommen hat.

Der Bundesgerichtshof hat die Revisionen der Angeklagten verworfen.

Was aus den beiden inzwischen schon lange wieder in Freiheit befindlichen Haupttätern geworden ist, weiß ich nicht. Maik N. hatte keinerlei Angehörige, seine Verteidigerin hat ihm, wir sie mir bei einem späteren zufälligen Treffen im Gericht berichtete, zum ersten Weihnachtsfest im Gefängnis ein Päckchen geschickt. Chantal M. bekam in der Haft Klavierunterricht, was insbesondere meine Kollegin, die für den Klavierunterricht ihrer Töchter viel Geld bezahlen musste, nicht recht nachvollziehen konnte. Außerdem hat sie anlässlich des ersten Todestages ihres Vaters - das Urteil war zu diesem Zeitpunkt noch nicht rechtskräftig - um Erteilung eines Sondersprechscheines gebeten, da dieser Tag sie psychisch so mitnehmen würde, eine doch eher absonderliche Begründung! Ich glaube, ich habe den Sprechschein nicht erteilt.

VII

Der Vorsitzende lacht

Am 15. Februar 1999 wurde der Kurdenführer und Vorsitzende der in vielen Ländern verbotenen PKK, Abdullah „Apo" Öcalan, beim Verlassen der griechischen Botschaft in Nairobi/Kenia entführt und in die Türkei verschleppt. Dies rief in vielen kurdischen Kreisen Empörung hervor. Unter den in Berlin lebenden Kurden entstand das - unzutreffende - Gerücht, der israelische Geheimdienst stecke hinter dieser Aktion. Daher rottete sich am 17. Februar 1999 eine recht große Gruppe von überwiegend jungen und sehr jungen männlichen Kurden zusammen und zog, zum Teil mit Knüppeln und Holzlatten bewaffnet, zum israelischen Generalkonsulat im vornehmen Stadtteil Grunewald, um dort zu „protestieren". Dieser „Protest" verlief so, dass Teile der aufgepeitschten Menge den Zaun zum Generalkonsulat überstiegen, in den Garten eindrangen und Anstalten machten, das Gebäude zu stürmen. So aber nicht mit einer von israelischen Sicherheitskräften bewachten Einrichtung des Staates Israel! Diese „Hilfssheriffs" fackelten nicht lange, sondern machten nachhaltig und intensiv von ihren Schusswaffen Gebrauch. Ergebnis: vier Tote und eine Vielzahl von verletzten kurdischen Randalierern.

Polizei und Staatsanwaltschaft ermittelten sowohl gegen die Todesschützen als auch gegen die Randalierer. Die Berliner Behörden kamen bei den bereits am Folgetag nach Israel ausgeflogenen Sicherheitskräften nicht weiter, weil sich diese, bei denen die Annahme von Notwehr jedenfalls unter dem Gesichtspunkt der Verhältnismäßigkeit zumindest zweifelhaft war, über ihre Anwälte auf diplomatische Immunität beriefen.

Es wurde auch gegen eine Vielzahl der kurdischen Randalierer ermittelt, derer die Staatsgewalt, jedenfalls soweit sie mit Schussverletzungen in diverse Krankenhäuser eingeliefert worden waren, habhaft geworden war. So kam es, dass sich vor meiner Kammer acht junge Kurden, alle mit inzwischen wieder verheilten Schussverletzungen, wegen schweren Landfriedensbruchs zu verantworten hatten, vier zum Zeitpunkt des Geschehens noch nicht 18-jährige Jugendliche und vier zum Zeitpunkt des Geschehens noch nicht 21-jährige Heranwachsende; die vier letztgenannten befanden sich in Untersuchungshaft.

Dieses Verfahren stand von Anfang an unter keinem guten Stern. Es fing schon damit an, dass eine Woche vor dem von mir auf den 27. September 1999 angesetzten Prozessbeginn die Kollegen einer anderen Jugendkammer - die als „Softi-Kammer" bekannt war - über eine Haftbeschwerde eines meiner Angeklagten zu befinden hatte, wobei mir nicht mehr erinnerlich ist, wie es zur diesbezüglichen Zuständigkeit der Kollegen kam. Meiner Bitte, sorgfältig zu prüfen, ob es vertretbar sei, die Entscheidung über eine etwaige Haftverschonung der für das Verfahren zuständigen Kammer - also uns - zu überlassen und den Vollzug der Untersuchungshaft jedenfalls für eine Woche bis zum Prozessbeginn bestehen zu lassen, kamen die Kollegen in der Weise nach, dass sie den Angeklagten sofort aus der Haft entließen. Damit war uns der Prozessbeginn schon insoweit erschwert, als wir unter Gleichbehandlungsaspekten - was die sozialen Bindungen der in Haft befindlichen Angeklagten betraf, gab es keine nennenswerten Unterschiede - nicht umhin konnten, am ersten Verhandlungstag auch den übrigen inhaftierten Angeklagten Haftverschonung zu gewähren, womit der - nicht ganz ernst zu nehmende - Moabiter Spruch „U-Haft schafft Rechtskraft" schon mal keine Gültigkeit mehr hatte. Auch das Kammergericht erschwerte uns - wieder einmal - das Verfahren; ein Verteidiger war an einigen der von mir angesetzten zehn Verhandlungstage verhindert und beantragte die Beiordnung eines zweiten Verteidigers, was ich nicht nur aus fiskalischen Gründen ablehnte. Auf die dagegen von ihm gerichtete Beschwerde meinte das Kammergericht, nun doch einen zweiten Verteidiger beiordnen zu sollen. Daraufhin wollten natürlich sofort alle übrigen sieben Verteidiger für ihre jeweiligen Mandanten ebenfalls einen zweiten Kollegen beigeordnet haben; nach der Entscheidung des Kammergerichts hatte ich kein tragfähiges Argument mehr, dies abzulehnen, so dass wir es in dem Verfahren nunmehr mit 16 Verteidigern zu tun hatten.

Jeder, der mit der Materie Strafprozess auch nur etwas vertraut ist, kann sich vorstellen, was es heißt, mit 16 Verteidigern zu verhandeln. Auch der 13., 14., 15. und 16. Verteidiger meint, seine Existenzberechtigung im Verfahren durch das Stellen überflüssiger und oftmals nicht besonders intelligenter Fragen an Zeugen, die von diesen - ganz ähnlich gestellt - schon x-mal beantwortet worden waren, unter Beweis stellen zu müssen. Derartige Fragen nicht zuzulassen, ist für den Vorsitzenden auch keine wirkliche Alternative, weil die sich daran anschließenden Diskussionen und strafprozessualen Scharmützel das Verfahren noch viel längern dauern lassen würden. Diese nervtötende Art der Verteidigung wurde im vorliegenden Verfahren noch dadurch intensiviert, dass es jedenfalls seinerzeit eine bestimmte, politisch eher links angesiedelte Gruppe von Verteidigern gab, für die kurdische Angeklagte quasi automatisch unschuldig, und wenn nicht unschuldig, dann jedenfalls keinesfalls zu verurteilen waren. So kam es, dass ich allein in diesem Verfahren dreimal und damit öfter abgelehnt (und von den Kollegen immer wieder „angelehnt") worden bin als ansonsten in allen übrigen Verfahren während meiner fast 40-jährigen Tätigkeit als Richter insgesamt. Erinnern kann ich mich an eine Situation, als ich während der Verhandlung einmal - bestimmt nicht befreit oder wirklich belustigt, sondern eher sarkastisch - kurz auflachte, woraufhin die in meinem überfüllten Sitzungssaal 817 ganz hinten rechts sitzende Verteidigerin Rechtsanwältin Holly Heilig aufsprang und mit schriller und keifender Stimme rief „der Vorsitzende lacht! das will ich im Protokoll haben!" In einer derartigen Situation sollte man als Vorsitzender im Bruchteil einer Sekunde entscheiden, wie vorzugehen ist, ob dieser Antrag mangels entsprechender Grundlage in der Strafprozessordnung abzulehnen oder anderweitig zu reagieren ist. Ich entschied mich in der Weise, dass ich an meine Protokollführerin gerichtet sagte „nehmen Sie bitte ins Protokoll: auf Antrag von Rechtsanwältin Heilig: der Vorsitzende lacht." Damit hatte die Verteidigerin wohl nicht gerechnet, und nun war ihr abwegiger und das Verfahren jedenfalls nicht fördernder Antrag für die Nachwelt festgehalten. Um der Wahrheit die Ehre zu geben, wir haben in unserem weiteren Berufsleben noch mehrfach „die Klingen gekreuzt" - in Moabit sieht man sich immer mindestens zweimal - und sind uns dabei, da wir beide um die durchaus vorhandenen beruflichen Qualitäten des jeweils anderen wussten, mit gegenseitigem Respekt begegnet.

In dem sich zäh und ohne wirklichen Fortschritt über bereits mehr als doppelt so viele Verhandlungstage wie von mir geplant hinziehenden Verfahren - die Angeklagten langweilten sich und haben, wie in derartigen Verfahren üblich, sowieso nicht mehr verstanden, worum es ihren Verteidigern eigentlich geht - stellte dann eines Tages, nachdem wir schon eine Vielzahl von wichtigen und eine mindestens ebenso große Zahl von unwichtigen Zeugen gehört hatten, der vorne links sitzende ansonsten eher unscheinbare und mir weder vorher noch nachher in Moabit jemals aufgefallene Verteidiger Rechtsanwalt Daniel Kiefermann einen von ihm als Beweisantrag bezeichneten Antrag, in dem er zunächst die Namen von 93 (!) seiner

Ansicht nach zu hörenden Zeugen benannte und sodann als Ladungsanschrift das Umweltbundesamt, neben dem Generalkonsulat gelegen, nannte. Daraufhin meinte ich „ach, ich dachte, Sie haben die aus dem Telefonbuch abgeschrieben!" Es gab natürlich einen Tumult, eine sofort von den Verteidigern beantragte Unterbrechung und wieder einen Ablehnungsantrag gegen mich. Ich freue mich aber noch heute über meine - vielleicht nicht so ganz mit der Würde eines Vorsitzenden in Einklang zu bringende - Äußerung.

Die Fairness gebietet es im übrigen, darauf hinzuweisen, dass nicht nur die Verteidiger an der Wahrheitsfindung nicht wirklich interessiert schienen. Das war in gleicher Weise bzgl. der offiziellen israelischen Stellen der Fall; mein Schreiben, mit dem ich um Mitteilung der Namen und ladungsfähigen Anschriften der israelischen Sicherheitskräfte bat, die nun wirklich wichtige Zeugen waren, würdigten die Vertreter des Generalkonsulates nicht mal einer Antwort, was ich als grobe Unhöflichkeit betrachtet habe.

Die Motivation der Verteidiger, ihre Verzögerungstaktik zu intensivieren, wurde noch dadurch bestärkt, dass sie eines Tages - wohl durch einen Blick in das „Handbuch der Justiz" - zu meiner Überzeugung herausgefunden hatten, dass einer der an der Verhandlung beteiligten Kollegen mit großen Schritten auf seine Pensionierung zusteuerte; wenn wir bis dahin kein Urteil gesprochen hätten, würde das gesamte Verfahren platzen, denn ich hatte - das Ausufern des Verfahrens nicht vorausahnend - keine Richter auf der „Reservebank". Über dieses Problem sprach ich eines Tages während einer Verhandlungspause mit dem Sitzungsvertreter der Staatsanwalt, mit dem ich aufgrund gemeinsamen Fußballspielens in der Justizbetriebssportmannschaft „Rot Schwarz 65" gut bekannt und per Du war. Den Umstand, nicht den Inhalt dieses Gesprächs bekamen einige Verteidiger mit, die sogleich ihre Kollegen informierten. Unverzüglich stellten sie den Antrag, die Verteidigung vom Inhalt des Gesprächs zu informieren, was zu tun ich keinesfalls gewillt war. Da ich nicht lügen wollte - das Verhalten des Kollegen aus dem Honecker-Verfahren, der nicht über sein vielleicht etwas ungeschicktes Vorgehen im Zusammenhang mit einem Autogrammwunsch eines Schöffen, sondern über seine unzutreffenden Angaben hinterher gestolpert war, war für mich eine Lehre - und auch keine inhaltlichen Angaben zu dem Gespräch machen wollte, sagte ich einfach „das geht Sie nichts an!“. Die Verteidiger waren natürlich wieder empört, es gab das nächste Befangenheitsgesuch, außerdem wandten sie sich auch an den Staatsanwalt, der aber ebenfalls nichts sagen wollte, und schließlich an den Generalstaatsanwalt, dieser möge den Sitzungsvertreter anweisen, über den Inhalt des Gespräches mit dem Vorsitzenden Angaben zu machen. Alles vergebens! Tatsächlich hatte ich mit dem Staatsanwalt die nach dem Jugendrecht gegebene Möglichkeit einer Einstellung des Verfahrens erörtert, die auch ohne Zustimmung der Angeklagten und ihrer Verteidiger möglich war; dies würde es ermöglichen, das Verfahren nach monatelanger Verhandlung jedenfalls zu einem Ende zu bringen, wenn auch ohne Urteil, und damit der immer konkreter werdenden Gefahr, dass das Verfahren wegen der Pensionierung des Kollegen platzen würde, entgegen wirken. Nervlich wäre ich nicht in der Lage gewesen, dieses Verfahren noch einmal ganz von vorne zu beginnen; in den langen Jahren meiner Richtertätigkeit gab es nur in diesem Verfahren Momente, in denen ich ernstlich darüber nachgedacht habe, meine Richtertätigkeit „an den Nagel zu hängen“. Dass es nicht dazu kam, habe ich auch dem Generalstaatsanwalt zu verdanken, den ich in einem persönlichen Gespräch davon überzeugen konnte, dass nach Abwägung aller Umstände die Einstellung des Verfahrens gegen die acht jungen Leute, die alle durch Schüsse der Sicherheitskräfte verletzt worden waren und von denen die vier älteren auch Untersuchungshaft verbüßt hatten, eine sachgerechte Lösung war.

So verkündete ich im Frühjahr des Jahres 2000 nach fast sechsmonatiger Verhandlungsdauer und etwa drei Wochen vor der Pensionierung des Kollegen den für die Verteidigung völlig überraschenden Einstellungsbeschluss. Das zunächst triumphierende Grinsen in den Gesichtern der Verteidiger gefror bald zu einer Maske, denn in dem ausführlich begründeten mehrseitigen Beschluss fanden wir deutliche Worte sowohl hinsichtlich des nach Auffassung der Kammer zweifelsfrei von den Angeklagten verwirklichten Tatbestandes des schweren Landfriedensbruchs als auch hinsichtlich des Verhaltens großer Teile der Verteidigung, welches in einem vom Erziehungsgedanken geprägten Jugendstrafverfahren gänzlich unangebracht war.

Bemerkenswert ist, dass die Ausländerbehörde unseren Einstellungsbeschluss zum Anlass genommen hat, die acht jungen Kurden auszuweisen; ob diese Entscheidung freilich vor dem Verwaltungsgericht Bestand hatte, entzieht sich meiner Kenntnis.

VIII

Stillpause

Wieder hörten wir während unserer im Sitzungssaal 817 stattfindenden Verhandlung von schräg gegenüber aus dem damals im Gericht noch vorhandenen Kinderbetreuungszimmer zartes Babygeschrei. Es war Zeit für eine weitere Stillpause, denn die Mutter des zweimonatigen Babys war eine unserer beiden in Untersuchungshaft befindlichen weiblichen Angeklagten, denen der Vorwurf der Beihilfe zum Mord gemacht wurde.

Im Frühherbst des Jahres 2000 gehörten die beiden jungen aus Vietnam stammenden Frauen - über ihr Alter von angeblich 17 Jahren haben sie uns in der Hauptverhandlung belogen und die medizinischen Sachverständigen konnten nur ungefähre Angaben machen, wonach die Angeklagten zum Zeitpunkt des Geschehens eventuell noch knapp unter 21 Jahren alt waren - einer Gruppierung von vietnamesischen Schutzgelderpressern und Verkäufern unverzollter und unversteuerter Zigaretten an, wie sie zur damaligen Zeit gehäuft in Berlin, vornehmlich im Osttcil der Stadt, anzutreffen waren. In der Hierarchie der Gruppe waren die beiden Frauen eher am unteren Ende angesiedelt. Im September 2000 gab es Ärger mit zwei „freien", d.h. keiner Organisation angehörenden, vietnamesischen Zigarettenverkäufern, die in einem Verbindungstunnel eines S-Bahnhofes unverzollte Zigaretten verkaufen wollten, obwohl die Gruppierung der Angeklagten diesen lukrativen Verkaufsplatz für sich in Anspruch nahm. Die beiden Störenfriede wollten sich von den beiden Angeklagten, die dort für ihre Organisation verkauften, nicht vertreiben lassen, auch die Drohung, ob sie lebensmüde seien, half nicht. Unsere beiden Angeklagten riefen daraufhin telefonisch „Soldaten" ihrer Gruppe herbei, die alsbald erschienen; mindestens einer von ihnen war mit einer Schusswaffe bewaffnet und gab auch auf einen der beiden Zigarettenverkäufer einen Schuss ab, wobei nicht zu klären war, ob es sich lediglich um einen Warnschuss oder einen fehlgegangenen Schuss handelte. Auch diese Aktion konnte die beiden hartnäckigen Vietnamesen nicht von weiterer Verkaufstätigkeit abhalten; wenige Tage später, am Morgen des 12. September 2000, verkauften sie an der fraglichen Stelle erneut illegal Zigaretten. Die beiden Angeklagten forderten sie wiederum vergeblich auf, dies zu unterlassen, und telefonierten sodann nochmals „Soldaten" ihrer Bande herbei, dies in dem Bewusstsein, dass es nunmehr zu einem auch tödlichen Gebrauch der Schusswaffe gegen die beiden unbotmäßigen Landsleute kommen könnte. Wenige Minuten nach dem Anruf erschien ein bewaffneter „Soldat". Während einem der beiden Zigarettenverkäufer die Flucht gelang, schoss der „Soldat" aus einer Entfernung von 1 bis 2 m in Tötungsabsicht mit einer Pistole Ceska, Kaliber 7,65 mm in Richtung des Kopfes des jungen Mannes; der Schuss traf die rechte Schläfe des Zeugen und trat oberhalb der rechten Augenbraue wieder aus. Wie durch ein Wunder wurde das Opfer nicht getötet, sondern konnte durch schnelle medizinische Hilfe gerettet werden, freilich unter weitestgehendem Verlust des rechten Augenlichtes.

Während Polizei und Staatsanwaltschaft die Hintermänner und auch den Schützen nicht ermitteln konnten, wurden die beiden jungen Frauen, die durch ihren Anruf den beinahe tödlichen Schuss verursacht hatten, wenige Tage nach der Tat vorläufig festgenommen und in Untersuchungshaft genommen. Das wäre alles für Berliner Verhältnisse noch ziemlich „normal" gewesen, wenn die beiden Vietnamesinnen nicht schwanger gewesen wären. Während die eine aufgrund ärztlichen Rates aus der Untersuchungshaft heraus einen Abbruch der Schwangerschaft vornehmen ließ, wollte die andere das Kind austragen. Und damit begannen die Probleme, denn die Mühlen der Berliner Justiz mahlen langsam und ein Kind wartet nicht. Die Staatsanwaltschaft musste nach der Tat zunächst einmal umfangreiche Ermittlungen durchführen, bevor sie schließlich Anfang des Jahres 2001 Anklage zu unserer Kammer erhob. In Erkenntnis der komplizierten Situation mit einer in Untersuchungshaft befindlichen schwangeren Angeklagten und einem auf dem 27. April 2001 errechneten Geburtstermin sowie dem gesetzlichen Mutterschutz, von dem mir nicht so ganz klar war, ob er für die fragliche Zeit auch die Teilnahme der Mutter als Angeklagte an einer Hauptverhandlung verbietet, versuchte ich nach Abstimmung mit den Kollegen eine praktische Lösung zu finden. Ich lud daher die Verteidiger und die Staatsanwaltschaft zu einem Gespräch in mein Dienstzimmer ein, um zu klären, ob noch vor dem Geburtstermin eine einvernehmliche Hauptverhandlung durchgeführt werden könnte (die mittlerweile vom Gesetzgeber geschaffenen und aus meiner Sicht überflüssigen Regelungen über die „Verständigung im Strafverfahren" gab es damals noch nicht, sinnvolle Verständigungen aber durchaus). Im Hinblick auf die eher untergeordnete Rolle der beiden Angeklagten bot ich der Verteidigung an, dass bei einem Geständnis eine kurze Hauptverhandlung und eine zur Bewährung auszusetzende Strafe von zwei Jahren in Betracht käme, natürlich verbunden mit einer Haftentlassung. Sollte das Geständnis bereits vorab abgegeben werden, käme schon vor der Hauptverhandlung eine Haftverschonung in Betracht. Nach Rücksprache mit ihren Mandantinnen teilten mir die Verteidiger nach einer Woche mit, dass mein Vorschlag nicht angenommen werde. Nun war klar, dass es eine umfangreiche Hauptverhandlung mit der Vernehmung vieler Zeugen und

Sachverständiger würde geben müssen, die vor dem errechneten Geburtstermin nicht würde stattfinden können. Und eine Haftverschonung kam bei dieser Sachlage im Hinblick auf die nahezu nicht vorhandenen sozialen Bindungen der beiden jungen Frauen und den doch erheblichen Tatvorwürfen für uns nun nicht mehr in Betracht. Deswegen beschlossen wir am 2. 2. 2001 Haftfortdauer, und auch das von der Verteidigung angerufene Kammergericht bestätigte am 28. 3. 2001 diese Entscheidung.

Mein vorsorglich mit dem Leiter der Frauenhaftanstalt - auch einer meiner Fußballkollegen aus der Betriebssportmannschaft - geführtes Telefongespräch, wie denn nun im Hinblick auf die besondere Situation weiter verfahren werden könne, ergab, dass im Frauengefängnis keine Mutter-Kind-Station vorhanden sei und das Kind daher kurz nach der Geburt von der Mutter getrennt werden müsse. Ähnliches war auch aus der zuständigen Abteilung der Senatsverwaltung für Justiz zu hören. Die Verteidigung war - nachvollziehbar - empört und wandte sich mit Beschwerdeschreiben nicht nur an den Leiter der Haftanstalt und den Justizsenator, sondern informierte auch die Presse und das Fernsehen; in der Berliner Abendschau gab es mehr als einen Bericht über diesen Fall.

Ich hatte inzwischen den Hauptverhandlungsbeginn auf den 14. Juni - etwa sechs Wochen nach dem errechneten Geburtstermin - angesetzt und im übrigen argwöhnisch beobachtet, ob wohl von irgendeiner Seite die Bitte an die Kammer herangetragen würde, der Angeklagten doch eine Haftverschonung zu gewähren; denn dann wären alle Probleme erst mal gelöst gewesen. Dieser von mir befürchtete Angriff auf die richterliche Unabhängigkeit erfolgte erfreulicherweise nicht!

Die Verteidigung gab aber nicht klein bei und rief den Berliner Verfassungsgerichtshof an, der - nachdem die Angeklagte bereits am 18.4.2001 ein gesundes Kind geboren hatte - am

20.4.2001 entschied, dass das Landgericht Berlin (also wir) innerhalb von zwei Wochen erneut über die Frage der Fortdauer der Untersuchungshaft zu befinden und dabei die Erwägungen des Verfassungsgerichtshofes zu berücksichtigen hätte und dass bis zu dieser Entscheidung das Land Berlin verpflichtet sei, für eine gemeinsame Unterbringung von Mutter und Kind in der Haftanstalt zu sorgen. Das Gericht hat dabei auf das sich aus dem Grundgesetz ergebende natürliche Recht der Mutter auf Pflege ihres Kindes abgestellt, das in dem von der Angeklagten geäußerten Wunsch, das Kind zu stillen, seine wichtigste Ausprägung habe.

Die 9. Kammer hat sodann unter angemessener Berücksichtigung der lichtvollen Ausführungen des Verfassungsgerichtshofes wiederum die Fortdauer der Untersuchungshaft der jungen Mutter angeordnet. Und so kam es, dass wir es bis zum Ende des Strafverfahrens am 23. Juli 2001 mit dem bestversorgten Baby Berlins zu tun hatten. Denn das Land Berlin nahm nunmehr seine ihm vom Verfassungsgericht auferlegte Pflicht sehr ernst; die Babyausstattung wurde in einem teuren Ausstattungsgeschäft, nicht etwa bei Woolworth, erworben und es gab eine Drei-Schichten-Rundumbetreuung durch dafür geschulte Kräfte für Mutter und Kind im Gefängnis; für die junge Mutter blieb außer Stillen nicht mehr viel zu tun.

Damit bin ich wieder am Beginn meines Berichtes angekommen; während unserer zehntägigen Hauptverhandlung haben wir etwa alle zwei Stunden, immer wenn leises Babygewimmer aus dem Kinderzimmer zu hören war, eine Stillpause für Mutter und Kind eingelegt, eine auch für uns Richter außergewöhnliche und einmalige Situation.

Am 23. Juli 2001 - das Kind war inzwischen drei Monate alt - haben wir das Urteil verkündet. Die Angeklagte wurde wegen Beihilfe zum versuchten Totschlag zu einer durchaus milden

Jugendstrafe von zwei Jahren und drei Monaten verurteilt. Warum sie nicht ein halbes Jahr zuvor auf unser „Sonderangebot" eingegangen ist, hat sich mir nicht erschlossen, denn ein Urteil hätte sie in diesem Fall schneller und „billiger" haben können. Vielleicht hat sie es aus Angst vor den Hintermännern und Chefs der Bande nicht gewagt, ein Geständnis abzulegen.

Als zusätzliche „Strafe" haben wir die Angeklagte mit dem Urteil aus der Untersuchungshaft entlassen; so musste sie sich erstmalig seit der Geburt ausschließlich selbst um ihr Kind kümmern.

Der Bundesgerichtshof hat die Revision der Angeklagten verworfen.

IX

Der Auftragskiller

Die 53-jährige Charlotte Bruckner war eine zuverlässige, tüchtige und allseits beliebte Arbeitskraft in einem großen Handwerksbetrieb mit über 50 Angestellten. Als Sekretärin des Chefs war sie im Laufe der Zeit zu dessen rechter Hand geworden. So kam es, dass ihr der Chef zu ihrem 25-jährigen Dienstjubiläum ein großzügiges Geschenk machte und ihr eine 14-tägige Reise auf die Malediven schenkte (im öffentliche Dienst sieht das anders aus; ich habe zu meinem 25-jährigen Richterjubiläum eine Urkunde vom Senator und eine Weinflasche vom Gerichtspräsidenten, Gesamtwert ca. 6,- €, bekommen; warme Worte gab es umsonst).

Am 22. Februar 1993, dem ersten Arbeitstag nach ihrem Urlaub, betrat Charlotte Bruckner gutgelaunt und braungebrannt ihre Arbeitsstelle in Berlin-Kreuzberg, voller Eindrücke von ihrer Traumreise und mit vielen Fotos, die sie ihren Kollegen zeigen wollte. Kurz vor Feierabend, so etwa gegen 16 Uhr, betrat plötzlich eine maskierte männliche Person, bewaffnet mit einem abgesägten Schrotgewehr, den Büroraum und schoss der ahnungslosen Charlotte Bruckner aus etwa 2 m Entfernung ins Gesicht, lief sodann mit der Waffe, die er vor der Tür wegwarf, zu einem draußen „Schmiere stehenden" Mittäter und flüchtete mit diesem zusammen in einem PKW. Durch den Schuss war das Opfer im rechten unteren Gesichtsbereich, am Hals und im Schlüsselbeinbereich getroffen und von ca. 50 Schrotkugeln durchsiebt worden. Es gelang Charlotte Bruckner vor ihren entsetzten und schockierten Kollegen noch, kurz aufzustehen und sich die Hände vors Gesicht zu halten, bevor sie sterbend zusammenbrach.

In den folgenden Tagen, Wochen und Monaten ermittelten Kriminalpolizei und Staatsanwaltschaft fieberhaft. In der Annahme, dass die Tat in irgendeiner Weise mit der Arbeitsstelle des Opfers zu tun haben könnte, wurde die gesamte Firma auf den Kopf gestellt, sämtliche schriftlichen Bürounterlagen wurden gesichtet und alle 50 Angestellten wurden auf das genaueste durchleuchtet. Es kamen viele interessante und für die Mitarbeiter teilweise durchaus unerfreuliche Dinge ans Tageslicht, so etwa Stasi-Verstrickungen einzelner Mitarbeiter, wenige Jahre nach der Wende und Vereinigung gar nicht so fernliegend. Das Betriebsklima litt erheblich, jeder sah seinen Kollegen misstrauisch und argwöhnisch an und überlegte, ob er vielleicht hinter dem Mord stecken könnte. Bei all' dem kam aber nichts raus; die Täter konnten nicht ermittelt werden. Auch der im ZDF am 5. November 1993 in der Sendung „Aktenzeichen XY - ungelöst" gesendete Bericht über die Tat führte nicht weiter.

Fast vier Jahre später, am 13. Oktober 1997, wurde in der vom Privatsender SAT 1 ausgestrahlten Sendung „Fahndungsakte" erneut über den spektakulären ungelösten Mordfall berichtet. Zur großen Überraschung der Kriminalpolizei gab es nun einige, teilweise anonyme Hinweise, die die Ermittler auf eine gänzlich neue und geradezu makabre, letztlich aber erfolgreiche Spur führten.

Die Kripo-Leute fanden folgendes heraus:
Charlotte Bruckner bewohnte bereits seit 1977 zunächst mit ihrem Ehemann, später nach dessen Tod mit ihrem neuen Lebensgefährten, eine äußerst großzügig geschnittene 177qm große Altbauwohnung in einem bürgerlichen Berliner Bezirk,

und dies aufgrund des schon sehr lange laufenden Mietvertrages zu einer extrem günstigen Miete von etwas über 800,- DM. Diese Wohnung hatte im Frühjahr 1989 der aus Osteuropa stammende Arzt Dr. Stavros Hristov, der sich schon seit geraumer Zeit weniger seinem Arztberuf, sondern mehr lukrativen Immobiliengeschäften widmete, für 400.000,- DM erworben, wofür er einen Kredit aufnehmen musste. Schon bald stellte er fest, dass die eher geringen Mieteinnahmen die laufenden Kreditkosten auch unter Berücksichtigung seiner Steuerersparnisse nicht deckten, eine Erkenntnis, die er bei gehörigem Nachdenken auch bereits vor Abschluss des Geschäftes hätte erlangen können. Dr. Hristov entschloss sich daher, die Wohnung wieder zu veräußern, stellte aber schnell fest, dass ein attraktiver Kaufpreis bei einer vermieteten Wohnung (Kauf bricht nicht Miete) nicht zu erzielen war; er bemühte sich daher intensiv, die Mieterin Frau Bruckner zu einem Auszug aus der Wohnung zu veranlassen, war damit aber trotz des Angebotes einer „Umzugsprämie" von 50.000,- DM nicht erfolgreich, was aus deren Sicht nur allzu gut zu verstehen war, denn ähnlich gut und günstig würde sie nie wieder wohnen können.

Schon seit 1992 kam Dr. Hristov mehrmals monatlich in seinem Stammlokal am Ludwig-Kirch-Platz in Wilmersdorf mit anderen in der Immobilienbranche tätigen Bekannten zusammen, so auch mit dem Makler Wolfgang Grunwold, den er - neben anderen Maklern - beauftragt hatte, potentielle und potente Käufer für die zu veräußernde Wohnung zu finden. Nachdem seine Bemühungen, Charlotte Bruckner zum Auszug zu bewegen, gescheitert waren, erzählte er davon auch frustriert dem Grunwold und äußerte in diesem Zusammenhang „Frau Bruckner muss weg!". Ob der Makler Grunwold diese Äußerung missverstanden hat oder ob Dr. Hristov sie genau so gemeint hat, wie Grunwold sie interpretiert hat, konnte in dem gesamten späteren Verfahren (leider) nicht geklärt werden. Grunwold hat sich jedenfalls - angestachelt durch die ihm versprochene großzügige Provision für den Fall eines Verkaufes der Wohnung - für eine rigorose Lösung entschlossen, ohne dies aber dem Hristov ausdrücklich mitzuteilen; er meinte zu diesem nur, er werde sich um das Problem kümmern. Tatsächlich wollte er die Mieterin umbringen lassen, weil anders die Wohnung nicht freizubekommen wäre. Zu diesem Zweck wandte er sich an zwei ihm bekannte junge griechische Staatsbürger, die „als Männer fürs Grobe" in der Vergangenheit schon mehrfach für ihn tatsächliche oder vermeintliche Geldforderungen unter Außerachtlassung der Zivilprozessordnung durchgesetzt hatten; er war der - zutreffenden - Auffassung, dass diese für ihn auch einen Mord begehen würden, wenn sie dafür eine anständige Entlohnung bekommen würden. Bei diesen beiden Personen handelte es sich um den damals 26-jährigen Antonidis Bukalis und den damals 20 Jahre und sechs Monate alten Perikles Niarchos, letzterer wurde später unser Angeklagter. Perikles N. war in seiner gesamten Jugend immer zwischen Deutschland, wo seine Eltern seit 1970 wohnten, und Griechenland, wo er bei seinen schon ziemlich alten Großeltern ein Unterkommen fand, hin und her gependelt. Dies führte dazu, dass er keinen Schulabschluss erlangte und auch im Berufsleben nicht wirklich Fuß fassen konnte. Lediglich im (Kampf)-Sport war der Angeklagte erfolgreich, nämlich im Kickboxen und im Boxen, was er auch vereinsmäßig betrieb; hier fand er Anerkennung und Respekt und hier lernte er auch Grunwold und Bukalis kennen. Überhaupt war er überwiegend mit älteren Freunden zusammen, von denen er als gleichberechtigt angesehen wurde. Auch seine damalige Freundin, die als „Schließerin" in einer Justizvollzugsanstalt arbeitete, war drei Jahre älter als er.

Bukalis und Niarchos waren im Hinblick auf die in Aussicht gestellte Belohnung von 10.000,- DM ohne Bedenken bereit, den Mord auszuführen, zumal sie schon eine Anzahlung von Grunwold erhalten hatten. Zunächst galt es aber, die Lebensgewohnheiten des Opfers auszukundschaften. Zu diesem Zweck bediente sich Niarchos, der gegenüber dem älteren Bukalis das Sagen hatte, eines weiteren Landsmannes, des Anastasios Papadopoulos. Dieser, in den Mordplan eingeweiht, aber an der späteren Tatausführung nicht beteiligt, holte nun für die beiden Täter die erforderlichen Informationen über die Wohnanschrift, die Arbeitsstelle, die Fahrwege und auch die beabsichtigte Reise ein. Offensichtlich konnte er den beiden auch den ersten Arbeitstag von Charlotte Bruckner nach deren Jubiläumsreise nennen. Bereits einige Tage zuvor hatte Grunwold eine abgesägte Schrotflinte besorgt und diese nebst Munition Niarchos und Bukalis übergeben. Am Tattag begaben sich die beiden zur Arbeitsstelle des Opfers; bereits am späten Vormittag betrat Bukalis kurz die Büroräume, um sich zu orientieren und den genauen Arbeitsplatz von Charlotte Bruckner ausfindig zu machen. Am Nachmittag gegen 16 Uhr betrat er, maskiert und mit der Schrotflinte bewaffnet, erneut das Büro, während Niarchos unmittelbar vor dem Büro auf der Straße Aufpasserdienste leistete und die spätere Flucht absicherte. Sodann schoss Bukalis, wie oben bereits geschildert, und traf Charlotte Bruckner tödlich.

Wenige Tage nach der Tat trafen Bukalis und Niarchos in einer Kneipe ihren Helfer Papadopoulos; Bukalis berichtete Papadopoulos in kurzen Worten von der Tat, wofür ihn Niarchos später scharf rügte und meinte, nun müsse der Helfer auch „weg".

Aufgrund dieser nunmehr gewonnenen Erkenntnisse wurden Grunwold und Bukalis, derer die Strafverfolgungsbehörden nach geraumer Zeit habhaft werden konnten, von einer Schwurgerichtskammer des Landgerichts Berlin am 5. Oktober 1999 jeweils zu lebenslanger Haft verurteilt.

Niarchos hatte sich zunächst erfolgreich abgesetzt; er wurde aufgrund eines Haftbefehls des Amtsgerichts Tiergarten vom 26. Mai 1998 nach einer eingeleiteten internationalen Fahndung am 15. November 2000 in Bulgarien festgenommen und am 3. April 2001 in die Bundesrepublik Deutschland ausgeliefert. In der Hauptverhandlung vor unserer Kammer hat der Angeklagte die Tatbegehung bestritten und sich ansonsten nicht geäußert. Die Kammer hat die Überzeugung von seiner Beteiligung an der Tat, die wir als mittäterschaftlichen Mord bewertet haben, im wesentlichen aus den überzeugenden Angaben des Papadopoulos gewonnen, zumal dieser seine eigene Rolle bei den Geschehnissen nicht verharmlost und heruntergespielt hat. Ein weiterer Zeuge hat in ebenfalls überzeugender Weise und glaubhaft von einer Äußerung des Grunwold, wonach Niarchos in Ordnung sei, denn der habe schon für ihn gemordet, berichtet.

Für die zu verhängende Strafe war von entscheidender Bedeutung, ob wir auf den zur Tatzeit 20 Jahre und 6 Monate alten Niarchos Jugendrecht oder Erwachsenenrecht anzuwenden hatten. Es widerstrebte uns, einen Auftragskiller als einen in der Entwicklung zurückgebliebenen Jugendlichen mit der Folge der Verhängung einer Jugendstrafe von maximal 10 Jahren zu betrachten. Das gab sein Lebenslauf trotz seines schulischen und beruflichen Versagens auch nicht her; Niarchos war nahezu ausschließlich mit deutlich älteren Erwachsenen zusammen, die ihn als gleichberechtigten Partner akzeptierten. Gegenüber seinem ebenfalls älteren Mittäter Bukalis hatte er sogar die Chefrolle inne, seine damalige Freundin, drei Jahre älter als er, beschrieb ihn als gereiften jungen Mann. So haben wir ihn als Erwachsenen angesehen, ihn aber in unserem Urteil vom 29. November 2001 nach insgesamt 12 Verhandlungstagen nicht zu lebenslanger Haft, sondern zu einer in einem derartigen Fall möglichen und von uns für angebracht erachteten Freiheitsstrafe von 14 Jahren verurteilt.

Nachdem ich in der mündlichen Urteilsbegründung mein Bedauern darüber zum Ausdruck gebracht habe, dass der einzige Nutznießer dieser schrecklichen Tat, der Arzt Dr. Hristov, der die Wohnung nach dem Tod des Opfers zunächst zum dreifachen Mietzins vermietet und sie sodann für fast 800.000,- DM verkauft hatte, in keiner Weise strafrechtlich zur Rechenschaft gezogen werden konnte, wandte sich Niarchos über seinen Anwalt wenige Tage später an die Staatsanwaltschaft, er könne zu Dr. Hristov etwas sagen, wolle aber zuvor Zusicherungen über eine vorzeitige Entlassung. Darauf konnte und wollte sich die Staatsanwaltschaft nicht einlassen, woraufhin der Angeklagte weiter schwieg. Nach meiner Erinnerung hat er gegen unser Urteil keine Revision eingelegt. Mit einem Auftragskiller hatte ich nie wieder zu tun.

X

Der Himmel wurde ganz schwarz

In den ersten gut zehn Jahren nach dem Mauerfall und der Vereinigung der beiden deutschen Staaten hatten Polizei, Staatsanwaltschaft und Gerichte in Berlin massive Probleme mit der vietnamesischen Zigarettenmafia. Wirtschaftlicher Hintergrund dieser krimineller Aktivitäten war der Umstand, dass die Berliner - vornehmlich die im Ostteil der Stadt - noch gerne und viel rauchten, dafür aber möglichst wenig Geld ausgeben wollten. Diese Interessenlage machten sich in erster Linie vietnamesische Mitbürger zunutze, indem sie sich unversteuerte und unverzollte Zigaretten aus dem ehemaligen Ostblock, hauptsächlich Polen, besorgten und diese dann zu weniger als der Hälfte des offiziellen Preises an die deutschen Abnehmer verkauften. Dass diese Vorgehensweise für beide Seiten eine Steuer- und Zollstraftat war, war angesichts der für Verkäufer wie Käufer finanziell lukrativen Angelegenheit ohne Bedeutung. Diese Geschäfte, die ganz überwiegend an S-Bahnhöfen im ehemaligen Ostteil der Stadt abgewickelt wurden, wurden recht bald bandenmäßig betrieben; es entstanden im Laufe weniger Jahre mehrere miteinander rivalisierende Banden, die nahezu ausschließlich aus Vietnamesen bestanden und deren Zusammensetzung sich an der Herkunft der Mitglieder in ihrer vietnamesischen Heimat orientierte. Ziel dieser streng hierarchisch organisierten Banden war es, für sich und ihre Mitglieder lukrative Verkaufsstandorte an S-Bahnhöfen mit viel Publikumsverkehr zu sichern, Verkäufer verfeindeter Gangs zu vertreiben und „unabhängige“ Verkäufer, die auf eigene Rechnung arbeiteten und keiner Bande angehörten, entweder ebenfalls zu vertreiben oder zur Zahlung von Standgebühren oder Schutzgeldern zu erpressen. Diese Kämpfe wurden mit erbitterter Härte und ohne jede Rücksicht auf die körperliche Unversehrtheit und das Leben der Mitglieder der rivalisierenden Banden und der unabhängigen Verkäufer ausgefochten (im Nachhinein ist mir klargeworden, dass die US-Amerikaner 30 Jahre zuvor letztlich keine Chance gegen derart unerbittliche Gegner hatten). Im Verlauf von rund zehn Jahren gab es in diesen Bandenkriegen allein in Berlin so um die 50 Morde, wobei die Opfer - soweit mir bekannt ist - ausnahmslos Vietnamesen waren. Die in den Banden und sonst als Zigarettenverkäufer tätigen Vietnamesen waren nicht mehr die ehemaligen Vertragsarbeiter, die seinerzeit in Ostberlin weitgehend ghettoähnlich isoliert von der übrigen Bevölkerung gelebt hatten, sondern vornehmlich jüngere Personen, bei denen sich in Vietnam herumgesprochen hatte, dass man in Deutschland gut leben und lukrative Geschäfte machen könne.

Nach jahrelanger intensiver und aufwändiger Tätigkeit der Strafverfolgungsbehörden und Gerichte hat die geschilderte Problematik nach rund zehn Jahren an Bedeutung und Brisanz verloren und spielt inzwischen in der Berliner Kriminalstatistik keine entscheidende Rolle mehr.

Die seinerzeit geführten Verfahren - und aus gerichtlicher Sicht kann ich dazu aus eigener Erfahrung einiges sagen - waren schwierig, kompliziert und zeitaufwändig. Es fing schon damit an, dass die Vietnamesen „Ausweisnamen" (die in den Papieren stehen) und „Spitznamen" (die sie untereinander benutzen) haben, noch dazu Namen, die aus drei Teilnamen bestehen und für uns Mitteleuropäer schwer zu behalten sind. Nach meiner subjektiven Einschätzung heißen zudem etwa 2/3 aller Vietnamesen mit offiziellem Namen „Nguyen" und wir waren in der Jugendstrafkammer 9 in dem fraglichen Zeitraum für den Buchstaben „N" zuständig, so dass ich damals gehäuft mit derartigen Verfahren zu tun hatte. Denn ein weiteres Phänomen war zu verzeichnen: Die vietnamesischen Angeklagten waren erstaunlich jung bzw. sie wurden im Verlaufe der Strafverfahren ihren unüberprüfbaren Angaben zufolge immer jünger; und die von uns bemühten medizinischen Gutachter konnten anhand von Untersuchungen der Zähne, der Handwurzel- und Schlüsselbeinknochen zwar ungefähre, aber keine wirklich präzisen Altersangaben machen (eine Problematik, die zur Zeit im Hinblick auf die große Zahl von Flüchtlingen, die in unser Land kommen, erneut an Aktualität gewinnt). Nach dem Zweifelsgrundsatz (das behauptete Alter konnte oft nicht widerlegt werden) blieb so sehr viel Arbeit bei den Jugendgerichten „hängen".

In meinen vielen Jahren als Richter ist es mir meistens gelungen, einen Zugang zu den vor mir sitzenden Angeklagten zu bekommen; ich war in der Lage, mit eher dumpfbackigen Skinheads aus Lichtenberg ins Gespräch zu kommen, auch mit (zu) spät pubertierenden Neuköllner Möchtegernmachos aus kriminellen arabischen Clans oder jugendlichen Mitgliedern türkischer Großfamilien aus Kreuzberg konnte ich reden. Aber zu den Vietnamesen habe ich in meinen Verfahren nie wirklich einen Zugang finden können. Vielleicht lag das auch daran, dass sie uns schon beim Lebenslauf - und nicht nur, was das Alter betraf - an der Nase herumgeführt haben. Denn die ganz überwiegende Anzahl der mir vorgetragenen Lebensläufe war identisch und den Angeklagten mit Sicherheit zuvor von übergeordneten Bandenmitgliedern oder anderen Personen dahingehend vorgegeben worden, dass sie behaupten sollten, schon im Kindesalter ihre Eltern verloren und von diesen lediglich eine Hütte geerbt zu haben, bei einer Großmutter aufgewachsen zu sein und schließlich die Hütte verkauft zu haben, um mit dem dafür erlangten Geld die Schlepper für die Fahrt nach Europa und Deutschland bezahlen zu können.

Unter den vielen in der fraglichen Zeit in Berlin geführten Strafverfahren hatte herausragende Bedeutung ein Verfahren gegen 16 vietnamesische Angeklagte, denen von der Staatsanwaltschaft insgesamt neun Morde zur Last gelegt wurden und das vor einer anderen Jugendstrafkammer geführt wurde. Vorsitzender dieser Strafkammer war ein noch recht junger, etwas nass-forscher Kollege, der auch politische Ambitionen hatte; dass er diesen Ambitionen während des Laufes dieses extrem schwierigen und langwierigen Verfahrens nachgab, auf einen politischen Posten wechselte und die Fortführung des Verfahrens seinen Kollegen überlies, habe ich nicht recht verstanden. Aus meiner Sicht tut ein pflichtbewusster Richter so etwas nicht. Die politische Karriere des Kollegen war nach der Berliner Bezirksreform im übrigen schnell wieder vorbei.

Dem Verfahren, mit dem wir uns zwischen dem 30. August 2002 und dem 20. Februar 2003 an insgesamt 24 Verhandlungstagen zu beschäftigen hatten, lag folgender Sachverhalt zugrunde:

Am Vormittag des 30. August 2001 wollten vier „Soldaten" einer vietnamesischen Zigarettenhändler- und Schutzgelderpresserbande im Auftrag ihres Chefs den illegalen Zigarettenhandel im Bereich des S-Bahnhofs Köpenick endgültig unter ihre Kontrolle bekommen, was sie in den Tagen zuvor schon mehrfach durch Einschüchterungsaktivitäten gegenüber den dort tätigen, teilweise zu einer anderen Gruppierung gehörenden, teilweise unabhängigen Zigarettenverkäufern versucht hatten, noch ohne durchschlagenden Erfolg. Zu diesem Zweck bewaffneten sich zwei der vier Männer mit jeweils einer scharfen und geladenen Schusswaffe, ein weiterer hatte eine allerdings nicht funktionsfähige, wenngleich furchterregend aussehende Maschinenpistole bei sich, während der vierte Mann unbewaffnet war. Allen vieren war klar, dass es - nachdem die

Einschüchterungs- und Vertreibungsversuche in der Vergangenheit noch nicht erfolgreich waren - nunmehr zum Einsatz der Schusswaffen mit möglicherweise tödlichem Ausgang für das Opfer kommen könnte. Als die Männer den Bahnhofsvorplatz gegen 11 Uhr betraten, herrschte dort ein geschäftiges Markttreiben. Neben den Betreibern legaler Markt- und Imbissstände hielt sich auf dem Platz auch wiederum eine Anzahl von vietnamesischen Zigarettenverkäufern auf, denen nun die Aufmerksamkeit der „Soldaten" galt. Da die Erschienenen den meisten der Zigarettenverkäufer aus den Einschüchterungsaktivitäten der Vortage bereits bekannt waren, ergriffen viele von ihnen panisch die Flucht. Die vier Männer griffen sich nun den in der Nähe eines Döner-Imbisses stehenden „unabhängigen" Zigarettenverkäufer Thang Than, der es nicht mehr geschafft hatte, rechtzeitig zu flüchten. Einer der beiden mit einer Pistole bewaffneten Männer packte den vor Angst schlotternden Thang, drückte ihm die Waffe gegen den Bauch und durchsuchte ihn nach Geld, Waffen und Zigaretten, dies verbunden mit der Drohung, er werde erschossen, wenn man etwas fände; da Thang nichts dergleichen bei sich hatte, kam er letztlich ungeschoren davon. Die Männer bemerkten nun, wie der ihnen ebenfalls als zwangsabgabeunwilliger Zigarettenverkäufer bekannte Pham Hoan zunächst noch ahnungs- und arglos vor Ort erschien und, als er die ihm bekannten „Soldaten" erblickte, versuchte, um den Döner-Imbiss herum zu flüchten. Die Männer entschlossen sich, nun an Pham Hoan ein Exempel zu statuieren, auch um zugleich andere „Aufmüpfige" nachhaltig zu warnen. Während der unbewaffnete Mann vor dem Imbiss stehen blieb, folgten die beiden mit Pistolen bewaffneten Täter dem Pham links um den Imbiss herum; der Mann mit der Maschinenpistole umrundete den Döner-Stand in der anderen Richtung, die Waffe inzwischen in der Hand haltend, und versperrte so dem nunmehr um sein Leben fürchtenden Pham den Weg. Dieser sprang in seiner Todesangst, laut „Mafia! Mafia!" rufend, durch die Eingangstür in den Imbiss hinein, dabei den türkischen Betreiber des Standes, Mahmut Cetinkaya, gleichsam als Schutzschild vor sich haltend. Cetinkaya wollte zunächst den Pham aus dem Raum drängen, sah dann die auf den Eindringling gerichteten Waffen und ergriff schleunigst die Flucht. Pham saß nun, den vier „Soldaten" wehrlos ausgeliefert, in der Falle. Es gab noch einen kurzen Wortwechsel zwischen dem einen mit einer Pistole bewaffneten Täter und dem Pham, aggressiv im Tonfall der eine, ängstlich der andere, dann lud der Täter in Gegenwart und mit Billigung der drei übrigen „Soldaten" seine Waffe durch, richtete sie auf die Brust des Opfers und drückte ab. Das Geschoss traf das Opfer ins Herz; Pham konnte nur noch einige Schritte machen, brach dann vor dem Imbisseingang tödlich getroffen zusammen und starb.

Die vier Täter flüchteten. Der Todesschütze versteckte die Tatwaffe mitsamt der von ihm bei der Tat getragenen Mütze in der Nähe an einer Baumscheibe unter Rindenmulch; dort wurde die Waffe noch am Tattag nach Hinweisen aus der Bevölkerung gefunden. Auch die Maschinenpistole, die ebenfalls in unmittelbarer Tatortnähe auf einem verwahrlosten Grundstück in einer alten Holzkiste von dem anderen Täter versteckt worden war, wurde schnell gefunden. Die vier Angeklagten unseres Verfahrens wurden noch am Tattag in Tatortnähe vorläufig festgenommen und kamen in Untersuchungshaft.

Das Strafverfahren vor der Strafkammer 9 gestaltete sich kompliziert; angesichts der Tatsache, dass drei Angeklagte zum Tatvorwurf schwiegen und der vierte die Tat bestritt, mussten wir zum einen klären, wie die Tat abgelaufen war, zum anderen die noch weitaus schwierigere Frage beantworten, ob die Angeklagten die Täter waren, ob also die richtigen Personen auf der Anklagebank saßen. Bei drei von vier Angeklagten taten sich schon bei der Frage nach dem Alter wie auch nach dem Lebenslauf - insoweit äußerten sie sich - die oben geschilderten Schwierigkeiten auf. Auffällig war, dass sich der vierte Angeklagte von seinen drei Landsleuten unterschied; er gab ein uns nachvollziehbar erscheinendes Alter an, er konnte etwas deutsch, hatte einen Beruf und wirkte insgesamt etwas gebildeter, aber das war zunächst einmal weder be- noch entlastend.

Das Tatgeschehen konnten wir relativ zügig und auch präzise aufklären, da uns insoweit nicht nur der in das Gesamtgeschehen involvierte vietnamesische Zeuge Thang Than und weitere vietnamesische Zeugen zur Verfügung standen, sondern auch eine Anzahl von neutralen und unbeteiligten Zeugen wie der Imbissbetreiber Cetinkaya und zufällig anwesende Passanten. Wesentlich schwieriger war es herauszufinden, ob denn nun die vier Angeklagten auch die Täter waren. Die neutralen und unbeteiligten Zeugen konnten zur Beantwortung dieser Frage nicht herangezogen werden, da sie das Geschehen nur wenige Augenblicke hatten beobachten können und daher zur Identifizierung der Angeklagten als mögliche Täter nicht in der Lage waren, zumal es für mitteleuropäische Augen schwierig ist, Asiaten auseinander zu halten. Der Zeuge Thang Than bezeichnete die vier ihm ja schon längere Zeit bekannten Angeklagten als die Täter, was einerseits nachvollziehbar erschien, andererseits aber auch sorgfältig zu hinterfragen war, da seitens der Verteidigung die - nicht völlig abwegige - Behauptung aufgestellt worden war, der Zeuge gehöre einer rivalisierenden Gruppierung an und wolle sich durch Falschbezichtigungen Konkurrenten vom Leibe halten. Erschwerend kam hinzu, dass bei den kurz nach der Tat festgenommenen Angeklagten keine Schmauchspuren an den Händen zu finden waren, was nach Auskunft eines Sachverständigen bei einer kurz zuvor erfolgten Schussabgabe eigentlich hätte der Fall sein müssen. Andererseits war wiederum als belastendes Indiz an der Mütze, in die die Tatwaffe eingewickelt worden war, DNA-Material der von der Staatsanwaltschaft als Todesschütze angeklagten Person gefunden worden.

Insgesamt war also die Beweislage auch nach 17 Verhandlungstagen immer noch nicht eindeutig beantwortet, als mir der Vertreter der Jugendgerichtshilfe - diese soll nach dem Gesetz die erzieherischen Belange ins Jugendstrafverfahren einbringen - Anfang Januar 2003 in einer kurzen Verhandlungspause einen ergänzenden Bericht zu einem der Angeklagten übergab, eher nebenbei, den ich entgegen nahm, nicht weiter beachtete und zunächst einmal ins Beratungszimmer legte. In einer etwas längeren Verhandlungspause überflog ich dann diesen Bericht und traute meinen Augen nicht. Der entscheidende Satz in diesem Bericht war das folgende Zitat des als Todesschütze angeklagten jungen Mannes:

„Als ich schoss, wurde der Himmel ganz schwarz!"

Der Vertreter der Jugendgerichtshilfe hatte mir soeben ein Geständnis des Angeklagten übermittelt! Ich las meinen Kollegen diese Passage vor, sie waren genauso erstaunt und erfreut wie ich, denn das Verfahren würde nun wesentlich einfacher werden. Bei Fortsetzung der Verhandlung teilte ich den Verteidigern und dem Staatsanwalt mit, ich würde sie in Kürze über interessante Ausführungen, die in dem ergänzenden Bericht der Jugendgerichtshilfe enthalten seien, informieren, zunächst aber müsste das für den heutigen Verhandlungstag vorgesehene Programm weiter abgewickelt werden. Die Verteidiger wirkten nach meiner Ankündigung schon irgendwie nervös. Wenig später las ich dann den fraglichen Satz vor. Den Verteidigern kippte die Kinnlade runter.

Am nächsten Verhandlungstag gab der als Todesschütze angeklagte junge Mann über seine Verteidigerin auch in der

Hauptverhandlung ein Geständnis ab und bestätigte, das Opfer erschossen zu haben. Zwei seiner Mitangeklagten sahen sich nun ebenfalls zu einem weitgehenden Geständnis veranlasst, dies verbunden mit dem Hinweis, dass der vierte Angeklagte (der auf uns Richter von Anfang an irgendwie anders gewirkt hatte) nichts mit der Tat zu tun habe. Vorher konnten die drei diesen Angeklagten ja nicht entlasten, ohne sich dadurch gleichzeitig selbst zu belasten, eine komplizierte Situation.

Wir hoben den Haftbefehl gegen den vierten Angeklagten, der sich über ein Jahr letztlich unschuldig in Untersuchungshaft befunden hatte, sofort auf und sprachen ihn schließlich in dem am 20. Februar 2003 verkündeten Urteil frei, nicht aus Mangel an Beweisen wie häufig bei Freisprüchen, sondern wegen erwiesener Unschuld.

Der nach Jugendrecht verurteilte Todesschütze wurde wegen Mordes zu einer Jugendstrafe von zehn Jahren verurteilt, die beiden erwachsenen Angeklagten wurden wegen mittäterschaftlich begangenen Mordes jeweils zu einer lebenslangen Freiheitsstrafe verurteilt.

Unser Urteil hatte vor dem Bundesgerichtshof Bestand.

XI

Der „sympathische" Ehegattenmörder

Firat wuchs als Kurde in einem kleinen Dorf in der Osttürkei auf; er war das jüngste von acht Kindern seiner Eltern. Seine fünf älteren Brüder waren im Laufe der Jahre alle nach Deutschland gegangen und hatten, da die von ihnen gestellten Asylanträge wenig Aussicht auf Erfolg hatten, es vorgezogen, sich unbefristete Aufenthaltsgenehmigungen durch Eheschließungen mit deutschen Frauen zu verschaffen; angesichts der Tatsache, dass die meisten dieser Ehen der Brüder von Firat nicht von Dauer waren, darf die Vermutung geäußert werden, dass die eine oder andere Scheinehe darunter gewesen sein mag. Allerdings ist einzuräumen, dass gescheiterte Beziehungen kein zwingendes Indiz für Scheinehen sind, wie das Beispiel eines ehemaligen Bundeskanzlers verdeutlicht.

Als Firat im Jahre 1976 ein Alter von elf Jahren erreicht hatte, meinte sein Vater, nun sei es auch für ihn an der Zeit, nach Deutschland und nach Berlin zu gehen, was er auch tat und auftragsgemäß Asyl beantragte. In der Folgezeit lebte Firat abwechselnd in diversen Heimen und bei seinen Brüdern. Weder der eine noch der andere Aufenthaltsort waren geeignet, ihn zu einem dauerhaften und konsequenten Schulbesuch anzuhalten; obwohl er durchaus intellektuelle Qualitäten aufwies und auch die deutsche Sprache recht schnell und ziemlich gut erlernte, musste er die 7. Klasse der Hauptschule wiederholen und verlies schließlich im Alter von 16 Jahren die Schule ohne Abschluss aus der 8. Klasse, wobei er den Schulbesuch zuletzt ohnehin massiv geschwänzt hatte. Auch ein sich anschließender sogenannter VZ-11-Lehrgang Richtung Maler/Lackierer, durch den er im Erfolgsfalle noch eine gewisse Ausbildung hätte erreichen können, scheiterte daran, dass Firat den Kurs alsbald nicht mehr besuchte. Er hing zuletzt - wir befinden uns in der ersten Hälfte des Jahres 2003 - hauptsächlich im Bereich des Bahnhofs Zoo und am Breitscheidplatz rum und konsumierte regelmäßig Haschisch, mitunter auch Kokain. Seinen Lebensunterhalt einschließlich der Drogen bestritt er von Sozialhilfe, von Zeit zu Zeit bekam er ein wenig finanzielle Unterstützung von seinen älteren Brüdern. Strafrechtlich war er inzwischen schon zweimal, wenn auch nicht durch schwerwiegende Straftaten, aufgefallen. Anfang des Jahres 2003 hatte ihm die Ausländerbehörde angekündigt, dass sein vor Jahren gestellter Asylantrag wenig Erfolgsaussichten habe und er wohl noch in diesem Jahr mit einer Ablehnung zu rechnen habe. Da entsann sich Firat der von seinen Brüdern erfolgreich angewendeten Methode und beschloss, sich zwecks Eheschließung und der sich daraus zwangsläufig ergebenden dauerhaften Aufenthaltsgenehmigung eine Frau zu suchen, genauer gesagt, eine deutsche Frau.

Die damals 22-jährige Cindy, aus Marzahn stammend, war eine psychisch labile junge Frau, die häufigen Stimmungsschwankungen unterlag, mit dem Leben nur schwer zurecht kam, von ihrer Familie keinerlei Unterstützung erhielt und sich bei auftauchenden Problemen „ritzte", d.h. sich selbst Schnittverletzungen an den Armen beibrachte. Ihr mangelndes Selbstwertgefühl versuchte Cindy durch häufig wechselnde Männerbekanntschaften aufzuwerten, wobei sie sich immer sehr schnell verliebte, ihre Gefühle aber in der Regel genauso schnell wieder verflogen. Angesichts dieser Lebenssituation verwundert es nicht, dass Cindy, um ihrer desolaten Lebenssituation wenigstens vorübergehend zu entfliehen, auch Drogen konsumierte. Die dafür erforderlichen finanziellen Mittel erlangte sie dadurch, dass sie ab dem Jahr 2001 vornehmlich im Bereich des Bahnhofs Zoo der Prostitution nachging - das erinnert an die Lebensbeichte eines jungen Mädchens in dem Buch „Wir Kinder vom Bahnhof Zoo" - und sich ansonsten ab dem Frühjahr 2003 auch regelmäßig am Breitscheidplatz unter den seinerzeit dort vermehrt anzutreffenden jungen Türken und Arabern aufhielt.

So kreuzten sich in einer für Cindy letztes Endes verhängnisvollen Weise die eher traurigen Lebenswege dieser beiden jungen Menschen, denn beide lernten sich etwa im Juni 2003 am Breitscheidplatz kennen. Firat sah seine Chance, sich eine dauerhafte Aufenthaltsgenehmigung zu „erheiraten", gekommen, zumal Cindy sich in der für sie charakteristischen Art und Weise zunächst auch ein wenig in den jungen Mann verliebte und auch schnell damit einverstanden war, ihn - nicht nur zum Zwecke der Aufenthaltsgenehmigung - zu heiraten. Auch Firat entwickelte gewisse Gefühle für Cindy und träumte sogar von einer echten gemeinsamen Zukunft. Anfang August zog er zu seiner „Braut" in deren Einzimmerwohnung und eine Zeit lang bestand zwischen beiden eine auch sexuelle Beziehung. Der Hochzeitstermin war bereits für den 26. August 2003 festgesetzt worden. Wie aufgrund der Wankelmütigkeit von Cindy nicht anders zu erwarten, nahmen ihre positiven Gefühle für Firat schon wenige Tage nach dessen Einzug deutlich ab; sie wandte sich - auch in sexueller Hinsicht - von ihm ab und wieder anderen Männern zu, was diesen zwar störte und belastete, was er aber im Hinblick auf die beabsichtigte Eheschließung und insbesondere seine damit verbundenen Erwartungen hinnahm. Zwei Tage vor der Hochzeit kam es zu einem Streit zwischen beiden, in dessen Verlauf Cindy von Firat die Rückgabe des Wohnungsschlüssels verlangte, wodurch dieser in Zorn geriet und mit erhobener Faust vor seiner „Verlobten" stand, sich jedoch letztlich beherrschen konnte. Nach der tatsächlich am 26. August 2003 ohne jegliche Feierlichkeiten erfolgten Hochzeit überließ Cindy schon in der Hochzeitsnacht ihren jungen Ehemann sich selbst und zog mit anderen Männern „um die Häuser", wobei sie Firat anlässlich eines eher zufälligen Zusammentreffens wenige Tage später in ihrer Wohnung deutlich machte, dass sie „von Arabern guten Sex" bekommen habe. Trotz dieser Demütigungen wollte Firat an der Ehe jedenfalls solange festhalten, bis er die von ihm erstrebten ausländerrechtlichen Erfolge erreicht hätte, zumal er bereits zwei Tage nach der Eheschließung den aussichtslosen Asylantrag zurück genommen hatte. Immerhin erklärte sich seine Frau auch dazu bereit, mit ihm am 4. September 2003 die Ausländerbehörde aufzusuchen, um die für die Erlangung der dauerhaften Aufenthaltsgenehmigung erforderlichen Formalitäten zu erledigen. Gesagt, getan, beide suchten an diesem Tag etwa gegen 14 Uhr gemeinsam die Ausländerbehörde auf, reihten sich in die lange Warteschlange ein und bekamen schließlich - es handelte sich immerhin um eine deutsche Behörde - einen Wust von Formularen ausgehändigt, die nun auszufüllen gewesen wären. Darauf aber hatte Cindy keinen „Bock"; sie ließ ihren Ehemann verdutzt stehen und verschwand wortlos aus dem Bürogebäude. Dieser folgte ihr frustriert und wütend. Schweigend fuhren beide zurück in die Einzimmerwohnung von Cindy, die dort die Reisetasche von Firat ergriff, seine wenigen Habseligkeiten hineinstopfte und die Herausgabe des Wohnungsschlüssels verlangte. Firat war nun vollends vor den Kopf gestoßen; ihm wurde klar, dass seine Ehefrau ihn nach nur zehn Tagen Ehe rauswerfen wollte und seine auf ein dauerhaftes Bleiberecht in Deutschland gerichteten Pläne nahezu gescheitert waren. Er konnte die Wankelmütigkeit seiner Frau, die jegliches Gespräch mit ihm verweigerte, nicht nachvollziehen; ein Versuch, seiner Erregtheit durch Rauchen eines Joints

90

zu begegnen, hatte nicht die von ihm erhoffte Wirkung. Als Cindy schließlich das Bad aufsuchte, kam Firat auf die Idee, sie dort „festzunageln", um sie zu einer Erklärung für ihr Verhalten und möglicherweise zu einer erneuten Änderung zu zwingen. Zu diesem Zweck holte er aus der Küche ein Küchenmesser mit einer ca. 14 cm langen Klinge, mit dem er seiner Ehefrau Angst einjagen und sie so zum Reden zwingen wollte. Er stellte sich mit dem Messer in der Hand in den Rahmen der Toilettentür, während sich Cindy von der Toilette erhob und das Bad verlassen wollte, und schubste sie wütend zurück, wobei er sie mit Vorwürfen ob ihres Verhaltens überhäufte. Cindy ließ sich durch das vorgehaltene Messer keineswegs einschüchtern und versuchte, Firat am Pullover zerrend und ihm die Nase zerkratzend, sich an ihm vorbei aus dem Bad zu zwängen. In diesem Moment wurde Firat von seinen Gefühlen der Wut, der Verzweiflung und der Demütigung übermannt und stieß seiner Ehefrau mit voller Wucht das Messer dreimal bis zum Heft in den Unterleib. Laut schreiend ging Cindy zu Boden; aus Angst, man könne sie im Haus hören, drückte ihr Firat nun ein Handtuch solange auf den Mund, bis sie sich nicht mehr bewegte und verblutet war. In diesem Augenblick kam der junge Mann gleichsam wieder zur Besinnung und ihn übermannten Panik und Entsetzen über das, was er soeben getan hatte; er wählte den polizeilichen Notruf 110 und erklärte dem den Anruf entgegen nehmenden Polizeihauptmeister Kaschunke, er habe soeben seine Frau ermordet. Der Polizeibeamte Kaschunke war psychologisch geschult und verwickelte den Anrufer, während er sogleich die Kollegen alarmierte, so geschickt und so lange in ein Gespräch, bis zwei Polizeibeamte in der Wohnung eintrafen und den immer noch telefonierenden Firat vorläufig festnehmen konnten.

Die schon drei Monate später stattfindende Hauptverhandlung - ja, die Justiz kann auch mal schnell sein - gestaltete sich unproblematisch. Firat war, wie auch schon in den polizeilichen Vernehmungen, in vollem Umfang geständig. Wir hatten ihn aufgrund der oben dargestellten besonderen Umstände des gesamten Geschehen psychiatrisch untersuchen und begutachten lassen und die erfahrene Sachverständige Dr. Solveig Calvin kam zu dem für uns Richter nachvollziehbaren Ergebnis, dass der junge Mann die Tat in affektiver Erregung und damit im Zustand erheblich verminderter Schuldfähigkeit begangen habe. Irgendwie hatten sowohl wir Berufsrichter als auch die beiden Jugendschöffen am Ende des Verfahrens ein bisschen Verständnis für den Angeklagten. Wir haben ihn am 15. Dezember 2003, dem erst dritten Verhandlungstag, wegen Totschlags, nicht wegen Mordes (insofern ist die Überschrift dieses Kapitels rechtlich nicht ganz zutreffend), zu einer Jugendstrafe von sechs Jahren verurteilt. Der junge Mann hat das Urteil angenommen.

XII

Doppelleben

Tagsüber war der 47-jährige Studienrat Dr. Michael Tafft, ehemals kinderlos verheiratet und inzwischen geschieden, ein allseits anerkannter Lehrer für Mathematik und Physik an einem Gymnasium in Weißensee. Seine Kollegen schätzten ihn als umgänglichen und hilfsbereiten Kollegen, seine Schülerinnen und Schüler liebten ihn wegen seines zugewandten Wesens und seiner Fähigkeit, gerade auch Mädchen die von ihm unterrichteten Fächer näher zu bringen; die Eltern seiner Schüler waren mit der Art, wie er die Elternabende gestaltete und insbesondere mit den von ihm verteilten, überwiegend eher guten Zensuren absolut einverstanden.

Nachts aber war ein anderer Dr. Tafft unterwegs, der sich in der Schöneberger Homosexuellenszene und dort in den einschlägigen Lokalen, Kneipen und Plätzen auf der Suche nach dem schnellen bezahlten Sex mit möglichst jungen Knaben herumtrieb. Seine Ehe war offensichtlich nur Tarnung gewesen und auch einen festen männlichen Partner hatte er nicht, so dass er sich auf diese - aus meiner Sicht wenig schöne - Art der sexuellen Befriedigung zurückgezogen hatte.

In der Nacht vom 10. auf den 11. Mai 2003 lungerten im Bereich des Nollendorfplatzes auch der 15-jährige Dragan und der 16-jährige Milos herum. Beide waren im ehemaligen Jugoslawien geboren und im Zusammenhang mit dem Balkankrieg als 7- bzw. 8-jährige Jungen mit ihren viele Personen umfassenden Familien als Flüchtlinge nach Berlin gekommen. Den beiden Jungen war es nicht gelungen, schulisch wirklich Fuß zu fassen, was hauptsächlich daran lag, dass sie viel schwänzten und sich lieber mit gleichaltrigen jugendlichen Landsleuten herumtrieben, wobei es dann auch häufiger zur Begehung von Straftaten kam, vornehmlich dem sogenannten „Abziehen", wie in Berlin schon seit Jahrzehnten unzulässig verharmlosend das Berauben vornehmlich jüngerer und schwächerer Opfer, meistens unter Vorhalt eines Messers, genannt wird. Milos war wegen solcher Taten erst im März 2003 zu einer Jugendstrafe von fünfzehn Monaten mit Strafaussetzung zur Bewährung verurteilt worden. An diesem Abend des 10. Mai 2003 war der Dritte im Bunde - frei nach Schillers „Bürgschaft", wenngleich aus weniger ehrenhaften Motiven - der ebenfalls erst 15-jährige Mahmud, geboren im Libanon und schon im Alter von zwei Jahren mit seinen Eltern und Geschwistern nach Deutschland und Berlin gekommen. Obwohl hier aufgewachsen, klappte es auch bei Mahmud nicht mit einem einigermaßen geordneten Lebensweg. An der Schule schon ab der 6. Klasse völlig desinteressiert, schloss er sich bereits im noch nicht strafmündigen Alter von 13 Jahren einer Jugendgang an und beging in der Folgezeit eine Vielzahl von überwiegend Raubtaten, die er - obwohl sie nicht Gegenstand unseres Verfahrens waren - in der hiesigen Hauptverhandlung freimütig mit der Bemerkung „Ich bin raubsüchtig!" einräumte.

Die drei Jungen, die noch keine einschlägigen Erfahrungen als „Strichjungen" gemacht hatten, waren an diesem Abend in Begleitung zweier etwas älterer Freunde, die sich in der einschlägigen Szene auskannten und die drei Minderjährigen darüber aufklärten, dass man mit der Gewährung von gewissen sexuellen Handlungen vornehmlich durch etwas ältere Männer gutes Geld verdienen könnte, was sich für die drei dann alsbald auch als durchaus realistische Möglichkeit darstellte. Denn vor einem Lokal am Nollendorfplatz sprach Dr. Tafft den Dragan, der ihm offensichtlich gut gefiel, und den Milos an, ob sie bereit wären, zum Zwecke der Durchführung sexueller Handlungen - Dr. Tafft sprach von „einen blasen" und „einen runterholen"

- mit zu ihm in sein Haus zu fahren. Der zunächst noch etwas zögerliche Dragan wurde von Milos mit dem Hinweis darauf, dass man bei dieser Gelegenheit den „alten Mann" doch auch gleich überfallen und berauben könne, schnell überzeugt, auf das Angebot, für das die beiden Jungen insgesamt 150,- € bekommen sollten, einzugehen. Gemeinsam gingen die beiden mit Dr. Tafft zu dessen in der Nähe geparktem VW Passat Kombi. Ihnen folgte auch Mahmud, der die Unterhaltung und insbesondere auch den Plan, das Opfer zu überfallen, mitbekommen hatte und daran mitwirken wollte. Dr. Tafft war aber nur bereit, Dragan und Milos mitzunehmen und äußerte, dass ihm die Mitnahme von drei Personen wegen der Gefahr eines Überfalles zu riskant sei. Gleichwohl gelang es Mahmud, sich unbemerkt im Fond des Wagens zu verstecken, während Milos den „Freier" zunächst etwas ablenkte und sodann auf dem Beifahrersitz und Dragan hinten Platz nahmen. Allen drei Jungen war klar, dass der von ihnen beabsichtigte Raub nur unter Anwendung von Gewalt würde durchgeführt werden können, wobei sie sich im einzelnen diesbezüglich noch keine Gedanken gemacht hatten. Nach einer längeren Fahrt erreichten sie schließlich das Grundstück von Dr. Tafft in Weißensee, wo er sein Fahrzeug in der Garage parkte und anschließend mit Dragan und Milos sein Einfamilienhaus betrat, während der von ihm weiterhin nicht bemerkte Mahmud zunächst im PKW verblieb. Auf Geheiß von Dr. Tafft duschten die beiden jungen Männer, anschließend saßen alle drei   - inzwischen bekleidet nur noch mit Boxershorts - im Wohnzimmer, rauchten und tranken Cola; der Erwachsene fing dann an, die beiden Jungen anzufassen und zu küssen, was Mahmud, der inzwischen den PKW und die Garage verlassen hatte, von außen durch ein Fenster beobachtete. Schließlich forderte das spätere Opfer den Dragan auf, mit ihm nach oben ins Schlafzimmer zu gehen, wo sich beide vollständig auskleideten und auf das

Bett legten. In der Zwischenzeit ließ Milos, unbemerkt vom Hauseigentümer, den Mahmud durch ein Fenster ebenfalls in das Haus hinein. Beide sahen nun den Zeitpunkt für den von allen dreien beabsichtigten Raub gekommen. Mahmud ergriff einen herumliegenden Gürtel mit Metallschnalle, Milos eine schwere Glasschale und eine Schere, einer von beiden nahm aus der Küche auch noch einen massiven genoppten Fleischklopfer aus Holz mit; gemeinsam gingen sie leise die Treppe nach oben zum Schlafzimmer, wo sie durch die geöffnete Tür sahen, wie Dr. Tafft an Dragan, der Richtung Tür blickte, den Oralverkehr vollzog. Nach kurzem Einverständnis signalisierenden Blickkontakt mit Dragan schmetterte Milos die Glasschale mit voller Kraft auf den Kopf des ahnungs- und arglosen Mannes. Das überraschte, erschrockene und sogleich am Kopf blutende Opfer erhob sich, wandte sich um und sah nicht nur Milos, sondern auch Mahmud, den er zuvor nicht hatte mitnehmen wollen. In einer Mischung aus Wut und Angst ergriff er diesen am Kragen und versuchte, ihn wegzudrängen. Sogleich fielen Dragan und Milos über ihn her, schlugen ihn mit Fäusten und traktierten ihn mit Fußtritten. Milos stach ihm mit der Schere wiederholt in den Oberschenkel, Mahmud hatte sich losgerissen und schlug mit dem Gürtel zu. Da sich das Opfer vehement zur Wehr setzte und versuchte, aus dem Schlafzimmer in den Flur und zur Treppe zu gelangen, vermutlich um aus dem Haus zu flüchten und um Hilfe zu rufen, setzte nun einer der drei Jungen, wahrscheinlich Mahmud, im Einverständnis mit den beiden anderen den Fleischklopfer ein und hieb diesen mit voller Wucht insgesamt mindestens siebenmal auf den Kopf des Opfers, dort rasterähnliche Abdrücke hinterlassend; einer der Schläge drückte das knöcherne Schädeldach des schon aus vielen Wunden blutenden und sich aus Angst um sein Leben verzweifelt wehrenden Mannes ein. Als der Fleischklopfer bei dem letzten Schlag zerbarst, schrie Milos den Dragan hektisch an „los, hol ein Messer!“. Während Dragan wie geheißen aus der im Erdgeschoss gelegenen Küche ein Messer mit ca. 20 cm langer Klinge holte, gelang es Dr. Tafft trotz seiner massiven Verletzungen, die Treppe nach unten zu laufen, auch dort, wie schon zuvor oben im Schlafzimmer und auf dem Flur, erhebliche Blutspuren hinterlassend. Milos folgte ihm auf dem Fuß und gab ihm einen heftigen Stoß, so dass das Opfer gegen die Treppenwand und sodann unten gegen ein Fenster und die Heizung taumelte und dort von allen drei Tätern wieder massiv geschlagen und getreten wurde. Unter Aufbietung seiner letzten Kräfte gelang es Dr. Tafft, sich in den Windfang zu retten, von wo es nur noch ein Schritt bis ins Freie gewesen wäre. Da dies auf alle Fälle verhindert werden sollte, rief einer der beiden anderen - vermutlich Milos – dem Dragan, der zwischenzeitlich das Messer geholt hatte, zu „stech ihn ab!“. Dragan stach nun mindestens elfmal mit größter Heftigkeit in Rumpf und Rücken des nach den ersten Stichen zu Boden gegangenen Opfers ein, die Stichtiefe betrug bis zu 22 cm. Zugleich stieß Milos noch mehrfach mit der Schere zu, während Mahmud, jederzeit eingriffsbereit, direkt dabei stand. Dem bereits sterbend am Boden liegenden Opfer wurde von Dragan das Messer noch quer über den Bauch gezogen, wodurch das Bauchnetz hervortrat und der Griff des Messers abbrach.

Nachdem die Angeklagten durch diese extrem brutalen Attacken, durch die ihr Opfer insgesamt über 40 Stich- und Schnittverletzungen erlitten hatte und dadurch und durch die Schläge mit dem Fleischklopfer bis zur Unkenntlichkeit entstellt worden war, getötet hatten, durchsuchten sie ohne jede erkennbare Gefühlsregung das gesamte Haus, wobei sie einige Bankkarten, nicht jedoch das von ihnen erhoffte und tatsächlich auch vorhandene Bargeld fanden. Einer der drei entdeckte auch noch den Autoschlüssel für den Passat, den sie mitnahmen, um nunmehr mit dem in der Garage geparkten

PKW den Ort des Geschehens zu verlassen. Dragan schaffte es nicht, den Wagen zu starten; daraufhin setzte sich Mahmud, natürlich ebenfalls nicht im Besitz einer Fahrerlaubnis, ans Steuer und fuhr den Wagen aus der Garage auf die Straße, dabei hörbar zunächst gegen das Garagentor und danach gegen einen Baum prallend, wodurch ein Nachbar des Opfers aufmerksam wurde, an einen Autodiebstahl glaubte und die Polizei alarmierte. Gleichwohl gelang den drei jungen Männern zunächst die Flucht; vor Freunden prahlten sie mit dem erbeuteten Auto und machten auch vage Angaben darüber, dass ein Mann tot sei. Milos und Mahmud versuchten am nächsten Tag, mit der erbeuteten Bankkarte Geld abzuheben, was misslang, wobei die beiden aber von einer Überwachungskamera gefilmt wurden. Dadurch kam ihnen die Polizei auf die Schliche, wenige Tage später wurden alle drei festgenommen und kamen in Untersuchungshaft.

Die Hauptverhandlung wurde dann - nachdem wir alle drei Angeklagten zuvor noch im Hinblick auf Reifegrad und Schuldfähigkeit hatten psychiatrisch untersuchen lassen - im Januar 2004 an insgesamt sieben Verhandlungstagen durchgeführt. Wegen des jugendlichen Alters der Angeklagten war die Verhandlung von Gesetzes wegen nicht öffentlich. Einige Tage vor Beginn der Verhandlung rief mich die Schwester des Opfers an und fragte, ob sie gleichwohl an der Verhandlung teilnehmen dürfe. Ich bedeutete ihr, dass ich ihr dies gestatten würde, sie aber bäte, sich dies gut zu überlegen, denn in der Verhandlung würden Details zur Sprache kommen, die mit anzuhören für sie möglicherweise eine unerträgliche Belastung darstellen würde; sie war dann in der Verhandlung tatsächlich nicht anwesend.

Die drei Angeklagten waren, was die Vorgeschichte und das Nachtatverhalten betraf, übereinstimmend und umfassend geständig. Hinsichtlich des eigentlichen Tatgeschehens waren sie bemüht, sich jeweils zulasten der beiden anderen heraus zu reden. So hat Milos bestritten, den Dragan aufgefordert zu haben, ein Messer zu holen, dies habe Dragan eigenmächtig getan. Demgegenüber hat Dragan in der Hauptverhandlung in deutlicher Erregung und mit laut erhobener Stimme bekundet „Milos hat mich nicht aufgefordert, er hat geschrien: hol ein Messer, hol ein Messer!" Diese deutliche emotionale Aufwallung schien der Kammer überzeugend und wir haben insoweit Dragan geglaubt. Schon diese kleine Episode zeigt, vor welchen Schwierigkeiten Strafrichter häufig stehen; sie müssen auf der Suche nach der Wahrheit häufig Entscheidungen darüber treffen, wer belügt uns, wer irrt sich vielleicht und wer sagt wahrheitsgemäß aus. Dabei hilft kein Jurastudium, dafür sind wir Richter auch nicht wirklich ausgebildet; nur aufgrund von Lebens- und Berufserfahrung und durch freiwillige Teilnahme an Fortbildungsveranstaltungen etwa zum Thema „Vernehmungspsychologie" kann der Richter insoweit zu vertieften Erkenntnissen gelangen. Im konkreten Fall ist uns die Wahrheitsfindung - hoffentlich zutreffend - gelungen. Es hätte den drei Angeklagten aber auch keine Vorteile gebracht, wenn wir hinsichtlich einzelner Tatbeiträge nicht sicher hätten feststellen können, wer sie nun konkret erbracht hat; denn nach den Grundsätzen der Mittäterschaft war jedem der drei jungen Männer das Tun der jeweils anderen zuzurechnen, weil sich das gesamte Geschehen innerhalb des Rahmens des spontan von den dreien gefassten Tatplanes – das sich verzweifelt wehrende Opfer zu töten, um dann ungehindert Beute machen zu können - bewegt hat. Oder umgangssprachlich ausgedrückt „mit gefangen, mit gehangen".

Über eine Tat von derartiger Brutalität, begangen von so jungen Tätern, die nach dem Niedermetzeln des Opfers ohne jede erkennbare Gefühlsregung das Haus noch nach mitnehmenswerten Gegenständen durchsuchen, haben meine Kollegen und ich weder vorher noch nachher je zu richten gehabt. Auch deshalb haben wir in der Hauptverhandlung versucht, ein wenig in die Psyche der jungen Männer einzudringen. Der psychiatrische Sachverständige konnte uns dabei nicht weiterhelfen, ihm ist es nicht gelungen, diesbezüglich irgendwelche Auffälligkeiten oder Besonderheiten bei den Angeklagten zu finden, schon gar nicht solche von Krankheitswert, die Einfluss auf die Schuldfähigkeit der Täter hätten haben können. Wir haben zusätzlich noch die oben schon erwähnten „Kumpel" der Angeklagten, die mit diesen am Tag nach der Tat zusammengetroffen sind, angehört. Diese Zeugen haben uns berichtet, alle drei Angeklagten seinen stimmungsmäßig „gut drauf" gewesen, sie hätten mit dem erbeuteten Passat Kombi geprahlt, Milos habe wie immer viel gelacht und gleichsam nebenbei sei auch von einem Mann, der geschlagen worden und nun tot sei, gesprochen worden. Auch Dragans Eltern und Mahmuds Vater haben wir noch angehört. Was mag wohl in ihnen vorgegangen sein? Ob sie ihre eigenen Erziehungsmethoden hinterfragt haben? Ob sie Mitleid mit dem Opfer hatte? Jedenfalls ist keinem Elternteil, als sie am Tag nach dem schrecklichen Geschehen wieder mit ihren Kindern zusammentrafen, irgendetwas Besonderes aufgefallen. Auch in der Hauptverhandlung war das Verhalten der drei Angeklagten erschreckend unbeeindruckt. Milos fiel hier gelegentlich durch unangemessen „fröhliches", Mahmud durch abgelenktes und desinteressiertes Verhalten auf; lediglich Dragan hat wohl in polizeilichen Vernehmungen, wie uns der dazu gehörte Polizeibeamte schilderte, eine gewisse Betroffenheit über seine eigene Tat und den Tod des Opfers gezeigt.

Angesichts der hier nur ansatzweise geschilderten beispiellosen Brutalität der Tat, begangen durch noch sehr junge Angeklagte, haben wir Strafen verhängt, wie sie in dieser Höhe von uns in der Strafkammer 9 weder vorher noch nachher jemals gegen jugendliche Angeklagte ausgesprochen worden sind. Alle drei Angeklagten wurden des Mordes schuldig gesprochen. Milos wurde unter Einbeziehung der gegen ihn schon verhängten Bewährungsstrafe von 15 Monaten zur höchstmöglichen Jugendstrafe von zehn Jahren verurteilt, Dragan wurde zu einer Jugendstrafe von neun Jahren und sechs Monaten verurteilt, Mahmud zu einer solchen von neun Jahren.

Der Bundesgerichtshof hat die Revisionen der Angeklagten verworfen.

Der mir aus vielen Verfahren gut bekannte Verteidiger des Angeklagten Milos hat mir später einmal berichtet, er habe seinem Mandanten die gegen ihn verhängte Höchststrafe dahingehend „schmackhaft" gemacht, dass er ihm gesagt habe, er habe eigentlich die geringste Strafe von den drei Tätern bekommen, da ja die einbezogenen 15 Monate abzuziehen seien, daher hätte er nur acht Jahre und neun Monate für den Mord bekommen. Ob diese Erklärung mit dem Erziehungsgedanken des Jugendstrafverfahrens in Einklang zu bringen ist, lasse ich mal dahingestellt.

Die Tat und das Urteil sind inzwischen lange her. Alle drei Verurteilten sind schon lange wieder in Freiheit, sofern sie nicht ihre kriminellen Karrieren fortgesetzt haben und erneut zu Haftstrafen verurteilt worden sind. Es ist zu hoffen, dass einerseits mit zunehmendem Alter und andererseits vielleicht auch durch eine hoffentlich in der Jugendstrafanstalt erfolgte erzieherische Beeinflussung eine charakterliche Formung der drei mittlerweile über dreißigjährigen Männer hin zum Besseren erfolgt ist; denn Menschen wie den drei Angeklagten, so wie sie sich uns in der Tat und in der Hauptverhandlung präsentiert haben, möchte ich im Privatleben nicht begegnen.

XIII

Unter den Yorck-Brücken

Endlich - und hoffentlich nicht zu spät - hat man in der Berliner Politik, bei der Polizei und den Strafverfolgungsbehörden erkannt, dass es dringend erforderlich ist, mit aller Konsequenz gegen die kriminellen Aktivitäten einiger aufgrund des Bürgerkrieges im Libanon zwischen 1980 und 1990 nach Deutschland gekommener arabischer Großclans vorzugehen. Teile dieser Clans, deren Mitglieder ganz überwiegend Hartz IV beziehen, leben in einer Parallelgesellschaft nach ihren eigenen Regeln; die hier geltenden Gesetze interessieren sie nicht, sie halten sich nicht daran und sind in vielfältige lukrative kriminelle Machenschaften verstrickt. Sie fahren teilweise mit schwarzen Mercedes-Limousinen zu ihren Gerichtsverhandlungen in Moabit vor und leisten sich - mit welchem Geld auch immer - teure Anwälte, die nicht immer die erforderliche Distanz zu ihren Mandanten wahren. Unsere Strafjustiz verlachen sie, die verhängten und aus ihrer Sicht lächerlich milden Strafen sitzen sie „auf einer Backe" ab. Der zahlreiche Nachwuchs dieser Familien ist überwiegend in Berlin geboren und hat zumeist die deutsche Staatsangehörigkeit, ist aber - insbesondere, was die männlichen Nachkommen betrifft - oft eng in die kriminellen Aktivitäten ihrer Großfamilien eingebunden.

Die im Jahr 2018 erfolgte Beschlagnahme von siebenundsiebzig Immobilien, die überwiegend im Eigentum von ansonsten völlig mittellosen Mitgliedern eines mit kriminellen Geschäften besonders aktiven Clans stehen, war ein Schritt in die richtige Richtung; denn letztlich werden die Strafverfolgungsorgane diesen Machenschaften nur dann wirksam begegnen bzw. sie wenigstens eindämmen können, wenn die Finanzen der Clans empfindlich getroffen werden.

Mit einem 15-jährigen Sprössling aus einem dieser Clans hatten wir es in der Strafkammer 9 im Frühjahr 2005 zu tun. Yussef O. besuchte nur sporadisch und mit wenig Erfolg in seinem 9. Schuljahr die 7. Klasse einer Hauptschule, trieb sich hauptsächlich mit seinen Brüdern oder anderen Kumpels auf den Straßen von Neukölln und Kreuzberg herum und war - auch schon im strafunmündigen Alter von unter 14 Jahren - vielfach mit unterschiedlichen Straftaten wie Diebstahl, Körperverletzung und Hehlerei aufgefallen. Halbwegs regelmäßig nahm er nur am Training seines Fußballclubs teil; mit dem 23-jährigen Trainer verband ihn so eine Art von Freundschaft. Ansonsten waren die familiären Verhältnisse von Yussef O. eine einzige Katastrophe. Seine Eltern hatten insgesamt 18 (!) Kinder; zwei von ihnen waren im Frühjahr 2005 bereits verstorben, darunter eine Schwester des Angeklagten, die infolge eines Unfalles körperlich und geistig behindert war, als junges Mädchen vergewaltigt und dadurch schwanger geworden war. Als sie im vierten Monat ihrer Schwangerschaft war, wurde sie von einem ihrer älteren Brüder umgebracht, weil das angeblich die „Familienehre", was auch immer darunter zu verstehen sein mag, verlangte. Auch ansonsten sind etliche Mitglieder dieser Familie mit kriminellen Aktivitäten in Erscheinung getreten; viele von ihnen mussten bereits Haftstrafen verbüßen.

An einem Mittwoch im Oktober 2004 war Yussef morgens gegen 2 Uhr 30 - eigentlich gehört ein 15-jähriger schulpflichtiger Junge zu dieser Zeit ins Bett - mit seinem Fußballtrainer nach einem Discothekenbesuch in dessen PKW unterwegs; da der Trainer in dieser Nacht ziemlich viele alkoholische Getränke konsumiert hatte, ließ er den 15-jährigen jungen

Mann, der natürlich keine Fahrerlaubnis hatte, ans Steuer seines Kleinwagens, wie dies in der Vergangenheit schon häufiger geschehen war. Als die beiden auf der Yorckstraße die vielen dort befindlichen S-Bahn-Brücken unterquerten, sah Yussef am Straßenrand zwei junge Männer im Gespräch mit zwei jungen Mädchen stehen. Als Möchtegern-Macho wollte er den beiden jungen Mädchen irgendwie imponieren und hupte sie deswegen an. Einer der Männer, der 24-jährige Max P., dachte, ein Bekannter würde vorbeifahren und winkte daher dem Autofahrer zu. Dies wiederum empfand Yussef als Provokation und Angriff auf seine Ehre. Es ist eine von uns Richtern vielfach gemachte erstaunliche Erfahrung, dass diejenigen, die in ihrem Leben am wenigsten erreicht haben, am meisten auf ihrer „Ehre" herumreiten, was dann schnell zu Straftaten führt. Yussef jedenfalls wollte den unbotmäßigen Winker zur Rede stellen und die Angelegenheit „klären". Er hielt deswegen an, ging auf die Gruppe zu und pöbelte Max P. an; es stellte sich nun aber heraus, dass Max fast zwei Meter groß und kräftig gebaut war und den 15-jährigen mit einem deutlichen Spruch und auch einem Schubser zurückwies, und das in Gegenwart der beiden Mädchen. Das war ja nun noch viel schlimmer für die ohnehin schon tangierte Ehre des jungen Mannes. Voller Wut lief Yussef wieder zu dem Auto, in dem der Fußballtrainer verblieben war, setzte sich erneut ans Steuer, wendete und fuhr hinter Max P. her, der inzwischen die Gruppe verlassen hatte und auf dem Fußweg unter den Yorckbrücken in Richtung Schöneberg unterwegs war. Yussef steuerte den Wagen auf den Fußweg, beschleunigte und fuhr Max P. absichtlich über den Haufen. Nur so meinte er, seine Ehre wieder herstellen zu können; dabei war ihm in dieser Situation egal, ob der Fußgänger dadurch zu Tode komme würde, eine durchaus naheliegende Gefahr. Tatsächlich knallte das Opfer mit dem Kopf heftig gegen einen der vielen Stahlträger der Brückenkonstruktion und trug eine sehr schwere und erhebliche Narben hinterlassende Kopfverletzung davon, überlebte aber. Yussef O. fuhr mit Einverständnis des neben ihm sitzenden Fußballtrainers davon, ohne sich um das schwerverletzte Opfer zu kümmern. Am nächsten Tag meldete der Fußballtrainer seinen Wagen als gestohlen, um die ganz Angelegenheit zu vertuschen.

Der Polizei gelang es gleichwohl recht schnell, sowohl Yussef als auch den Fußballtrainer als die beiden mutmaßlichen Täter zu ermitteln. Yussef kam in Untersuchungshaft und wurde alsbald von der Staatsanwaltschaft wegen versuchten Mordes angeklagt. Sein Verteidiger war Rechtsanwalt Franziscus Vierling, den ich vom Studium her flüchtig kannte. Zum Prozessbeginn bezeichnete er gegenüber der Presse die Anklage wegen versuchten Mordes als „aberwitziges Konstrukt". Solche Äußerungen von Verteidigern sind nicht wirklich ernst zu nehmen, sie dienen lediglich ein bisschen der Stimmungsmache und sollen dem Mandanten ihren Einsatz verdeutlichen, sind aber in der Regel völlig wirkungslos. In der Verhandlung räumte Yussef dann ein, am Steuer des PKW gesessen und auch Max P. überfahren zu haben, er habe ihn aber allenfalls leicht verletzen wollen. Angesichts der von uns gehörten Zeugen, darunter die beiden Mädchen, und insbesondere einer von einem Sachverständigen anhand der Verletzungen von Max P. errechneten Aufprallgeschwindigkeit von mindestens 30 km/h haben wir das dem Angeklagten nicht geglaubt. Der Verteidiger stellte im Rahmen der mehrtägigen Hauptverhandlung auch einige mehr oder weniger sinnvolle Beweisanträge, die wir ganz überwiegend ablehnten. In einer kurzen Verhandlungspause meinte er mir gegenüber „mein Hobby ist das Stellen von Beweisanträgen", worauf ich erwiderte „und mein Hobby ist das Ablehnen von Beweisanträgen; mal sehen, wer sein Hobby besser beherrscht."

Die Staatsanwaltschaft forderte am Ende des Verfahrens in ihrem Plädoyer eine Verurteilung wegen versuchten Mordes, der Verteidiger ging lediglich von einer Körperverletzungshandlung aus.

Die Frage, wie eine extrem gefährliche Gewalthandlung eines Täters, die aufgrund glücklicher Umstände oder schneller medizinischer Hilfe nicht zum Tod des Opfers geführt hat, rechtlich zu bewerten ist, muss von uns Richtern häufig beantwortet werden. In der Jugendstrafkammer hatten wir vielfach mit Messerstichen aus nichtigem Anlass in Bauch oder Brust des Opfers, mit Schlägen mit Baseballschlägern auf den Kopf oder Fußtritten mit Springerstiefeln gegen den Kopf des bereits am Boden liegenden Opfers zu tun. Insbesondere, aber nicht nur, wenn das Opfer überlebt hat, mussten wir die Frage beantworten „was hat der Täter gedacht, was hat er bei seiner Tat gewollt?" Wollte er töten, war ihm der mögliche Tod einerlei oder vertraute er darauf, dass das Opfer überleben würde? Mit anderen Worten, handelte er mit direktem Tötungsvorsatz, mit bedingtem Tötungsvorsatz oder ohne Tötungsvorsatz? In meiner fast vier Jahrzehnte währenden Strafrichtertätigkeit war ich dutzende male mit dieser Frage befasst. Kein einziger Angeklagter hat jemals gesagt „ja, ich habe mit dem Tod des Opfers gerechnet, als ich zugestochen/zugeschlagen/zugetreten habe." Entweder die Angeklagten sagen - anwaltlich beraten - dazu gar nichts oder sie beteuern „Herr Vorsitzender, ich war mir ganz sicher, dass mein Kontrahent überleben und nur höchstens leicht verletzt werden würde." Da wir nun den Angeklagten nicht alles glauben müssen, ist es in einer derartigen Situation unsere - vom Bundesgerichtshof entsprechend präzisierte - Aufgabe herauszufinden, ob der Angeklagte nach seinen intellektuellen Fähigkeiten die Kenntnis vom möglichen Todeseintritt hatte (das Wissenselement) und ob er, falls diese Frage zu bejahen ist, den von ihm als möglich erkannten Todeserfolg auch in Kauf nahm (der Willensfaktor). Hierbei müssen wir Richter den Grad der Gefährlichkeit der Handlung des Angeklagten bewerten; je gefährlicher sein Tun ist, um so näher liegend ist es, dass auch ein intellektuell einfach strukturierter Täter die Todesgefahr erkennt (etwa bei einem Messerstich in die Brust); wenn er dann trotzdem zusticht, ist es recht naheliegend, auch davon auszugehen, dass ihm der mögliche Todeserfolg einerlei war, was für die Annahme des bedingten Tötungsvorsatzes nach der höchstrichterlichen Rechtsprechung ausreicht. Uns Richter ist dabei klar, dass die Täter in der konkreten Situation häufig gar nicht denken, sondern einfach nur handeln; wenn wir dann im schriftlichen Urteil formulieren „der Angeklagte war sich dessen bewusst, dass das Opfer durch seine Messerstiche würde sterben können; dies war ihm in der konkreten Situation einerlei", handelt es sich dabei streng genommen um eine - allerdings durchaus sachgerechte - Unterstellung.

Genau diese Fragen haben wir auch im vorliegenden Fall innerhalb der Kammer intensiv diskutiert; der Berichterstatter, ein junger tüchtiger und eifriger Kollege, der inzwischen selbst Vorsitzender einer Jugendstrafkammer ist, präsentierte uns mehrere Entscheidungen des Bundesgerichtshofes, in denen in vergleichbaren Fällen eine Verurteilung wegen eines vorsätzlichen Tötungsdeliktes jeweils aufgehoben worden war. Wir kamen dann gleichwohl gemeinsam zu dem Ergebnis, dass Yussef bei seiner hoch gefährlichen Attacke, bei der er den PKW als Waffe einsetzte, den möglichen Tod des Fußgängers erkannt und bewusst hingenommen hat. Das entsprach auch meinem Credo, dass man als Richter nicht immer nach dem Obergericht schielen, sondern nach seiner Überzeugung entscheiden soll. Dementsprechend haben wir Yussef O. am 18. April 2005 wegen versuchten Totschlags und anderer Delikte zu einer Jugendstrafe von drei Jahren und drei Monaten verurteilt. Mein Kollege hat sich mit dem Abfassen des schriftlichen Urteils sehr viel Mühe gegeben und außerdem schien es auch so, dass ich mein Hobby besser beherrscht habe als der Verteidiger seines, denn der Bundesgerichtshof hat die Revision des Angeklagten verworfen.

Nahezu zeitgleich haben wir in einem anderen Verfahren gegen den Vater von Yussef O. und zwei seiner älteren Brüder, Abdul und Ahmad, verhandelt. Gegenstand des Verfahrens war eine rüde Körperverletzung zum Nachteil von Mitgliedern eines anderen Zweiges der Großfamilie. Am 21. April 2005 haben wir nach dreizehntägiger Hauptverhandlung und einem teilweise intensiven Ringen mit den hochkarätigen Verteidigern alle drei Angeklagten zu Gefängnisstrafen verurteilt, die sie auch verbüßen mussten. Zumindest Yussef und Abdul waren auch nach Verbüßung ihrer Haftstrafen in keiner Weise geläutert; sie haben ihre kriminellen Karrieren nahtlos fortgesetzt. Nur relativ kurze Zeit nach ihrer Entlassung aus der Haft waren sie schon wieder in einem gestohlenen Mercedes auf den Straßen Berlins unterwegs. Die Polizei kam ihnen auf die Spur und es gab eine wilde Verfolgungsjagd. Dabei verlor Abdul, der - ebenfalls nicht im Besitz einer Fahrerlaubnis - das gestohlene Fahrzeug steuerte, die Kontrolle über den Wagen und prallte mit hoher Geschwindigkeit gegen einen Straßenbaum. Die beiden Brüder waren sofort tot. Die an der Erziehung ihres Nachwuchses zu halbwegs rechtschaffenen Menschen völlig desinteressierten oder vielleicht dazu unfähigen Eltern hatten nun schon vier von ihren achtzehn Kindern verloren, drei davon in unmittelbarem Zusammenhang mit kriminellen Handlungen.

XIV

Die zerteilte Leiche

Der im Jahre 1985 in Berlin geborene Bilal Z. hatte eine schwierige Kindheit und Jugend. Sein aus Jordanien stammender Vater musste einige Jahre vor der Geburt des Sohnes seine Heimat aus politischen Gründen oder weil er kriminell geworden war verlassen und lebte seither in Berlin. Bilals deutsche Mutter, die aus einer früheren Beziehung mit einem anderen Araber bereits eine Tochter hatte, besuchte mit ihrem Sohn, als dieser noch keine zwei Jahre alt war, die Familie seines Vaters, der selbst aber in Berlin blieb. Bilal wurde dann für mehrere Jahre in Jordanien bei der Familie des Bruders seines Vaters zurückgelassen; ob die Mutter ihn loswerden wollte oder die Verwandten des Vaters den kleinen Jungen nicht mehr herauszugeben bereit waren, konnte nicht geklärt werden. Während der Sohn nun bei der Familie des Onkels lebte, heirateten seine Eltern in Berlin, weil der Vater so der drohenden Ausweisung aus Deutschland entgehen konnte. Das Paar bekam 1987 einen weiteren Sohn und 1990 eine Tochter. Die Ehe ging aber bald auseinander, weil sich die Mutter durch die traditionell geprägten Rollenvorstellungen ihres Mannes eingeengt fühlte; erstaunlich, dass sie für diese Erkenntnis zwei derartige Beziehungen benötigte. Bilal fühlte sich in der Familie des Onkels nicht wohl; dieser, ein ehemaliger hoher Offizier der dortigen Armee, war als Vater von zehn Kindern, die alle älter als Bilal waren, sehr streng und gab zudem seinem Neffen stets das Gefühl, irgendwie minderwertig zu sein und ihm „auf der Tasche" zu liegen, obwohl der Vater seinem Bruder regelmäßig Geld schickte. Ansonsten hielt der Vater außer gelegentlichen Telefongesprächen kaum Kontakt zu seinem Sohn, zwischen Mutter und Sohn bestand keinerlei Verbindung. Als Bilal neun Jahre alt war, schickte der Vater auch die beiden jüngeren Geschwister zu seinem Onkel, die dort für die nächsten drei Jahre ebenfalls lebten. Für Bilal waren und blieben seine beiden Geschwister fremde Kinder, zu denen er keine Beziehung aufbauen konnte oder wollte. Seine Situation in der Familie des Onkels wurde zusätzlich dadurch erschwert, dass Bilal den Onkel um kleinere Geldbeträge bestahl, was Schläge für ihn nach sich zog. 1997 holte der Vater erst die beiden jüngeren Geschwister und wenig später auch Bilal, der kein Wort deutsch sprechen konnte, wieder nach Berlin. Der Vater kümmerte sich aber in Berlin nicht um seinen ältesten Sohn, zur Mutter, die mittlerweile eine Beziehung mit einem Schwarzafrikaner eingegangen war, aus der auch ein weiteres Kind entstanden war, gab es weiterhin keinen Kontakt. Nach wenigen Monaten in Berlin wurde Bilal wieder in den nahen Osten zur Familie seines Onkels geschickt. Im Alter von etwa 15 Jahren brach er dort die Schule ab und kam, nachdem er seinem Onkel erneut Geld gestohlen hatte, bei verschiedenen Freunden und Bekannten unter und hielt sich mit Gelegenheitsjobs über Wasser. Im Frühjahr 2004, Bilal war 19 Jahre alt, forderte ihn sein Vater plötzlich auf, wieder nach Berlin zu kommen, angeblich müsse er hier seinen Wehrdienst ableisten. Er gehorchte und kam Ende April 2004 zurück nach Berlin, wo er in der 3-Zimmer-Wohnung seines Vaters unterkam, der dort mit seiner neuen aus Russland stammenden Ehefrau, den beiden jüngeren Geschwistern von Bilal und einem Sohn seiner jetzigen Ehefrau aus einer früheren Beziehung lebte. Wieder war es so, dass der Vater sich kaum um seinen ältesten Sohn kümmerte; mit seinen Geschwistern, denen gegenüber er sich zurückgesetzt fühlte, verstand er sich weiterhin nicht, mit der Stiefmutter kam er nicht zurecht, verständigen konnte er sich in der neuen und völlig ungewohnten Umgebung nahezu nicht. Sein einziger Kontakt in Berlin war schließlich ein entfernter Verwandter namens Mohamed Abdullah, der mit seiner Familie in der Nähe einen Imbiss betrieb und der der Bruder der Ehefrau des Onkels in Jordanien war, bei dem Bilal viele Jahre gelebt hatte. Mit dem etwa gleichaltrigen Sohn von Mohamed Abdullah befreundete sich Bilal ein wenig. Auch diesen einzigen sozialen Kontakt verscherzte sich Bilal, indem er dort aus der Kasse des Imbisses 800,- € stahl, woraufhin ihn sein Vater, der darüber informiert wurde, aus der Wohnung warf. Er kam schließlich bei seiner Mutter, einer ihm aufgrund der Lebensumstände völlig fremden Frau, und deren derzeitigem Lebensgefährten sowie deren gemeinsamen Kind unter. Auf Initiative seines Vaters musste er einen Job als Reinigungskraft ergreifen, Arbeitszeit 5 Uhr bis 6 Uhr 30, ansonsten hing Bilal interesselos rum, schlief, sah fern und lebte ohne Perspektive in den Tag hinein. Seine Mutter übernahm zwar die Versorgung ihres Sohnes, eine irgendwie geartete positive emotionale Beziehung zwischen den beiden entstand aber nicht.

Der 65-jährige Omar Jamal, aus Tunesien stammend und seit über dreißig Jahren in Berlin lebend, war ein Paradebeispiel für eine gelungene Integration. Er sprach gut deutsch, ohne seine arabischen Wurzeln zu vernachlässigen, er hatte 25 Jahre bei BMW gearbeitet, war jetzt Rentner, war verheiratet, lebte mittlerweile als Witwer allein, hatte einen erwachsenen Sohn, mit dem er regelmäßig in Verbindung stand, war in der Nachbarschaft als kontaktfreudig und hilfsbereit bekannt und beliebt. Omar Jamal verkehrte auch regelmäßig in dem Imbiss des Mohamed Abdullah, wo er im Sommer 2004 Bilal kennenlernte, mit ihm ins Gespräch kam und so auch von dessen familiären Schwierigkeiten und den Problemen, sich in der fremden Großstadt zurecht zu finden, erfuhr. Bald trafen sie sich häufiger, gingen gemeinsam spazieren, Omar Jamal half Bilal auch bei Behördengängen, indem er für ihn Formulare ausfüllte, etwa bei der Beantragung von Sozialhilfe. Als Bilals Vater ihn wegen des Diebstahls im Imbiss aus der Wohnung geworfen hatte, durfte Bilal einige Tage bei Omar Jamal wohnen, bis er schließlich zu seiner Mutter ziehen konnte. Im Gegenzug zu der Hilfe, die Bilal durch Omar Jamal erfuhr, sollte dieser wiederum für den älteren Mann von Zeit zu Zeit einige kleinere Besorgungen erledigen; zu diesem Zweck übergab Omar Jamal dem Bilal mehrfach seine EC-Karte und nannte ihm auch seine PIN, damit Bilal in der Lage wäre, Einkäufe zu tätigen oder auch mal Geldbeträge abzuheben. Und wiederum missbrauchte Bilal - wie schon bei seinem Onkel in Jordanien und insbesondere bei dem Imbissbetreiber Mohamed Abdullah - das ihm entgegengebrachte Vertrauen und die Hilfsbereitschaft von Menschen, die ihn zu unterstützen bereit waren. In der ersten Hälfte des Oktobers 2004 hob Bilal mithilfe der Karte innerhalb weniger Tage bei insgesamt fünf Gelegenheiten Geldbeträge zwischen 20,- € und 200,- € ab und verbrauchte diese für sich; außerdem kaufte er unter missbräuchlicher Verwendung der EC-Karte in diesem Zeitraum zweimal Fahrradteile und zwei DVD-Player.

Omar Jamal bekam diese Unregelmäßigkeiten natürlich schnell mit, war sich ziemlich bald sicher, dass nur Bilal für diese Taten in Betracht kam, erstattete Anzeige bei der Polizei und konfrontierte im Imbiss des Abdullah auch Bilal mit seinem Verdacht, der die Taten dann auch einräumte und sich bereit erklärte, den Schaden zu ersetzen. Für den 23. Oktober 2004 verabredeten sich Omar Jamal und Bilal in der Wohnung des Geschädigten, um alles zu besprechen und zu klären, wie weiter verfahren werden solle. Am Vormittag dieses Tages kam es dann tatsächlich zu dem verabredeten Treffen. Bilal erhoffte sich von diesem Gespräch zum einen eine großzügige

Frist zur schrittweisen Begleichung des von ihm angerichteten Schadens und zum anderen insbesondere die Rücknahme der Anzeige, weil er Angst vor den sich daraus ergebenden Konsequenzen hatte. Omar Jalal war aber über den Vertrauensmissbrauch dermaßen enttäuscht, dass er auf einer sofortigen Erstattung des Schadens bestand und auch nicht bereit war, die Anzeige zurückzunehmen. In dieser Situation entschloss sich Bilal spontan, seinen - nachvollziehbar verärgerten - Wohltäter zu töten, um damit einer Strafverfolgung zu entgehen. Er ging in die Küche, ergriff ein Messer und stieß dies dem völlig überraschten Omar Jalal schnell hintereinander zweimal in die rechte Halsseite und durchtrennte durch einen dieser Stiche die große Halsvene, wodurch Luft in diese eintrat, die schnell ins Herz gelangte. Das Opfer taumelte, äußerte noch etwas von „Sünde", brach dann im Bereich der Küchentür zusammen und verstarb binnen kürzester Zeit an Herzversagen infolge der Luftembolie. Nachdem Bilal realisiert hatte, dass er soeben einen Menschen getötet hatte, verließ er zunächst die Wohnung, die er mittels des auf dem Küchentisch liegenden Wohnungsschlüssels sorgfältig verschloss. Zuhause grübelte er, was nun zu tun sei, und kam zu der Erkenntnis, dass er den Leichnam beseitigen müsse. Daher fuhr er am späten Abend des nächsten Tages, einem Sonntag, erneut in die Wohnung von Omar Jalal und stellte fest, dass es ihm unmöglich sei, den Leichnam unbemerkt zu transportieren, zumal ihm dafür nur ein Fahrrad mit Anhänger zur Verfügung stand. Daher entschloss sich Bilal nun, die Leiche zu zerteilen; er entkleidete sein Opfer und durchtrennte den Körper sodann mit einem großen Küchenmesser unterhalb des Bauchnabels, wobei er nicht nur Muskeln und innere Organe, sondern auch die Wirbelsäule zwischen zwei Wirbeln der Lendenwirbelsäule durchtrennen musste. Es ist nur schwer vorstellbar, wie ein junger Mann zu solchem Tun in der Lage sein kann, wie er das viele

Blut, den Geruch und die Geräusche beim Durchtrennen der Wirbelsäule ausgehalten haben kann. Bilal jedenfalls war dazu in der Lage; er verpackte die beiden Leichenhälften nach erfolgreicher Durchtrennung jeweils in großen Plastiktüten und wickelte sie zusätzlich in Decken. Dann verließ er wiederum die Wohnung, wobei er absichtlich Licht brennen ließ, um am nächsten Tag schon vom Hof aus überprüfen zu können, ob jemand zwischenzeitlich in der Wohnung war. Am Montag ging Bilal erst wie gewohnt seiner Arbeit als Reinigungskraft nach und begab sich am Abend mit seinem Fahrrad mit Anhänger wieder zur Wohnung von Omar Jalal. In der Küche nahm er einige Küchengeräte an sich, die ihm zum Ausscharren einer Erdgrube geeignet erschienen, und fuhr mit diesen per Fahrrad zu einem in der Nähe gelegenen Spielplatz, wo er eine Grube aushob, die ihm ausreichend tief genug erschien, um eine Leichenhälfte darin entsorgen zu können. Anschließend begab er sich zurück zum Tatort, legte das in der Plastiktüte verpackte Oberteil der Leiche in einen in der Wohnung vorgefundenen großen Koffer, lud diesen in seinen Fahrradanhänger und fuhr zum Spielplatz, wo er das Leichenteil aus dem Koffer holte, unbemerkt in das Erdloch legte und es nur ziemlich oberflächlich mit Erde bedeckte; anschließend fuhr er mit dem Koffer zu sich nach Hause. Am Folgeabend versuchte Bilal an derselben Stelle, eine zweite Grube für den unteren Leichenteil zu graben, was er jedoch nach einiger Zeit aufgab, da es ihm zu mühselig erschien; so entschloss er sich, die zweite Leichenhälfte in einem Müllcontainer zu entsorgen. Er fuhr zum wiederholten Mal in die Tatwohnung, beseitigte dort so gut es ging die Spuren seines blutigen Werkes, warf sodann die von ihm dazu benutzten und dadurch blutigen Lappen sowie die blutgetränkte Kleidung des Opfers in eine Mülltonne auf dem Hof, durchsuchte danach die Wohnung und nahm 10,- € Bargeld sowie zwei Lautsprecherboxen sowie einen Videorecorder an sich, die er in einer Schultertasche verstaute. Anschließend packte er das ebenfalls in einer Plastiktüte befindliche Leichenunterteil wiederum in den großen Koffer, verstaute diesen auf seinem Fahrradanhänger und fuhr zu einem großen Müllcontainer für Verpackungsmüll, in den hinein er das Leichenteil warf. Den Koffer zerschnitt er anschließend und warf die Teile ebenso wie die Grabewerkzeuge in eine andere Mülltonne, Boxen und Videorecorder stellte er bei sich in seinem Zimmer auf.

Einige Tage später suchte der Sohn des Getöteten die Wohnung seines Vaters, für die er einen Schlüssel hatte, auf, weil er seinen Vater nicht erreichen konnte und ihn der Hausmeister informiert hatte, dass dort dauerhaft Licht brennen würde. Dem Sohn fiel in der Wohnung nichts weiter auf, er konnte sich aber das Verschwinden seines Vaters nicht erklären und erstattete Vermisstenanzeige. Infolge dieser Anzeige suchten zwei Polizeibeamte einige Tage später die Wohnung von Omar Jalal auf; auch ihnen fiel dort aber nichts Besonderes auf. So sehr sorgfältig könne sie ja wohl nicht nachgesehen haben, denn eigentlich erscheint es ausgeschlossen, dass keinerlei Spuren des blutigen Tuns des Täters zu erkennen waren. Im Rahmen der Ermittlungen zur der Vermisstenanzeige wurde Bilal sogar Anfang November 2004 als Zeuge vernommen, ohne dass die Polizei irgendeinen Verdacht gegen ihn geschöpft hätte. Im Januar 2005 stahl Bilal mal wieder Geld - diesmal seiner Mutter 2000,- € - und flog mit dem damit erworbenen Flugticket nach Jordanien, kehrte aber drei Wochen später bereits wieder zurück, da er sich auch dort nicht wohl fühlte. Inzwischen hatte die Polizei auch zu dem von Omar Jalal angezeigten EC-Karten-Missbrauch weiter ermittelt, war in diesem Zusammenhang auf Bilal gestoßen, hatte sein Zimmer durchsucht und dort die Boxen und den Videorecorder aus dem Besitz des immer noch als vermisst geltenden Jalal gefunden. Nunmehr wurde Bilal als Beschuldigter vernommen, verstrickte sich in

Widersprüche und räumte schließlich sowohl die missbräuchliche Nutzung der EC-Karte als auch - nach stundenlanger Verhördauer - die Tötung von Omar Jalal ein; er führte die Polizei auch zu dem Ort, wo er den oberen Teil der Leiche vergraben hatte. Dieser wurde dort auch tatsächlich aufgefunden, womit klar wurde, dass der junge Mann mit seinen Angaben Täterwissen offenbart hatte. Die untere Hälfte der Leiche wurde nie gefunden.

Die Hauptverhandlung fand im Oktober 2005 statt, weil der Angeklagte zuvor noch begutachtet werden musste. Psychische Auffälligkeiten von Krankheitswert waren nicht zu verzeichnen, jedoch nahm die erfahrene und der Kammer aus vielen Verfahren bekannte Gutachterin aufgrund des problematischen Lebensweges des jungen Mannes Reifeverzögerungen an, eine Einschätzung, der sich die Kammer anschloss und auf ihn daher Jugendrecht anwendete.

Der in der Hauptverhandlung geständige Angeklagte wurde nach vier Verhandlungstagen wegen Mordes zu einer Jugendstrafe von neun Jahren verurteilt. Er hat das Urteil angenommen und keine Revision eingelegt.

XV

Fünfe auf einen Streich

Im Frühjahr 2003 hatte sich der damals 16-jährige Said Pahlewi vorübergehend eine zweifelhafte Berühmtheit als „Schulhofschläger von Marienfelde" erarbeitet. Geboren in Berlin im Sommer 1986 als zweites Kind seiner Eltern, wuchs er in jedenfalls äußerlich geordnet erscheinenden Verhältnissen auf. Sein Vater war im Alter von 18 Jahren aus dem Iran nach Berlin gekommen, hatte hier ein Technikstudium erfolgreich abgeschlossen, dann allerdings in dieser Branche keine Arbeit gefunden, sondern in der Folgezeit überwiegend als Taxifahrer gearbeitet. Die ebenfalls aus dem Iran stammende Mutter von Said hatte eine Ausbildung zur Bürokauffrau absolviert und dann später in einem Callcenter gearbeitet. Die schulische Entwicklung von Said gestaltete sich von Anfang an schwierig; trotz einer gut durchschnittlichen Intelligenz war er unkonzentriert, häufig abgelenkt und fiel schon früh durch aggressiver Verhalten gegenüber Mitschülern und auch Lehrern auf. So kam es, dass er häufig die Schule wechseln musste, wodurch die Probleme allerdings nicht gelöst, sondern lediglich von Schule zu Schule verlagert wurden. Zuletzt besuchte der junge Mann - wenn auch nur äußerst sporadisch - eine Hauptschule in Zehlendorf, die als eine Art von Sammelbecken für in anderen Bezirken gescheiterte Schüler galt. Nicht hilfreich für die Entwicklung von Said war der Umstand, dass insbesondere der Vater dem zunehmend auch strafrechtlich relevanten Fehlverhalten seines Sohnes völlig kritiklos gegenüberstand und die Schuld dafür nie bei seinem Sohn oder den eigenen untauglichen Erziehungsmethoden, sondern stets bei den staatlichen Institutionen, bei den Mitschülern oder den Lehrern suchte.

Bereits ab seinem 13. Lebensjahr begann Said mit Fitness-sport und Bodybuilding; da er ungeduldig war und ihm der Muskelaufbau zu langsam vonstatten ging, nahm er unkontrolliert Anabolika zu sich. Dies führte zu einer erheblichen Zunahme an Muskelmasse und auch an Aggressivität, zugleich aber zu einem „Einschrumpeln" seiner Hoden, da die natürliche körpereigene Testosteronproduktion durch die Mittelzufuhr erheblich zurückgefahren wurde, wie der dazu gehörte medizinische Sachverständige später in der Hauptverhandlung anschaulich darlegte. Nicht nur deswegen kam es zu einer ganz erheblichen Anzahl von Straftaten, überwiegend Gewaltdelikten wie Körperverletzungen. Diese Serie gipfelte in dem Treiben von Said am 3. April 2003; Said begab sich am Vormittag dieses Tages auf den Schulhof einer Schule in Marienfelde, weil er meinte, eine dort angeblich gegenüber einer Freundin geäußerte Beleidigung „klären" zu müssen. Die „Klärung" erfolgte in der Weise, dass der junge Mann zunächst einem Lehrer, der ihn als schulfremde Person zum Verlassen des Schulhofes aufgefordert hatte, mit einem heftigen Kopfstoß das Nasenbein brach. Einem zu Hilfe eilenden zweiten Lehrer versetzte Said mehrere heftige Faustschläge ins Gesicht, ihn dabei als „Hurensohn" titulierend; die Schläge führten zu einem Monokelhämatom und einer Jochbeinschwellung. Auf einen dritten Lehrer prügelte Said Pahlewi so heftig ein, dass dieser mit einer aufgeplatzten Lippe und einem gelockerten Schneidezahn zu Boden ging. Anschließend schlug der rasende junge Mann dem nächsten zu Hilfe eilenden Lehrer die Brille vom Gesicht, was ebenfalls zu Verletzungen im Gesichtsbereich führte. Als schließlich der fünfte Lehrer versuchte, das Schultor zu schließen, um den Täter an der Flucht zu hindern, schmetterte dieser ihm von hinten schmerzhaft die Faust gegen den Kopf. Dabei brüllte er in Richtung der von ihm drangsalierten Lehrer „ich kille euch, ich komme wieder und schneide euch die Kehlen durch!". Kurz darauf wurde Said von der herbeigerufenen Polizei vorläufig festgenommen; auf der Polizeidienststelle randalierte er ebenfalls noch.

Wegen dieses exzessiven Gewaltausbruches wurde Said Pahlewi am 3. Juni 2003 vom Jugendschöffengericht zu einer eher milden Jugendstrafe von einem Jahr und acht Monaten verurteilt, die zur Bewährung ausgesetzt wurde. Er musste also deswegen nicht ins Gefängnis, hatte sich allerdings die zwei Monate zwischen Tat und Urteil in Untersuchungshaft befunden. Der Vater des Angeklagten, der als gesetzlicher Vertreter seines damals noch minderjährigen Sohnes an dem Verfahren beteiligt war, war vor dem Gericht unsachlich, um nicht zu sagen unverschämt, mit Beschimpfungen und Beleidigungen gegenüber dem Richter aufgetreten.

Weil der Angeklagte bereits vor dem Geschehen auf dem Schulhof, im Jahre 2001 und 2002, weitere Straftaten begangen hatte, wurde die Strafe von einem Jahr und acht Monate durch Urteil vom 13. Dezember 2004 auf zwei Jahre aufgestockt, wobei es bei der Strafaussetzung zur Bewährung blieb.

Diese zweifache Milde hat der junge Mann gründlich missverstanden. Schon fünf Wochen nach dem Urteil vom Dezember 2004, in der Nacht vom 15. auf den 16. Januar 2005, schlug Said Pahlewi im Rahmen eines Streites mit Türstehern eines Lokales in Tempelhof einem unbeteiligten Gast, von dem er sich beiseite geschoben fühlte, zweimal heftig die Faust ins Gesicht und bedrohte sodann andere Gäste mit einem mitgeführten Teleskopschlagstock.

Vier Monate später versetzte er einem flüchtigen Bekannten in Raubabsicht zunächst einen Faustschlag ins Gesicht, um ihm sodann den Griff seines mitgeführten Messer gegen die Schläfe zu schlagen, wodurch das Opfer eine Platzwunde erlitt.

Anschließend nahm der Täter dem eingeschüchterten Opfer dessen Mobiltelefon weg.

Bereits einen Tag später kam Said Pahlewi in Untersuchungshaft und die Staatsanwaltschaft erhob zügig Anklage, die nun zum Landgericht zur 9. Strafkammer kam. Im Rahmen der von den Richtern durchzuführenden Postkontrolle - der Briefverkehr von Untersuchungsgefangenen muss kontrolliert werden, um etwaige Ausbruchsvorbereitungen oder Zeugenbeeinflussungen erkennen und unterbinden zu können - bekamen wir einen Brief zu lesen, in dem Said an einen Kumpel u.a. schrieb „… komisch, mein Richter heißt wie meine Lehrerin …". Was verbarg sich hinter diesem Satz? Nun, meine Frau war zu der fraglichen Zeit Lehrerin an der Zehlendorfer Hauptschule, die unser Angeklagter - allerdings nur sporadisch - besuchte; sie jedenfalls in ihrer resoluten Art hat sich von dem jungen Mann nicht drangsalieren lassen, sondern hatte ihn und die anderen nur geringfügig harmloseren Schüler gut im Griff.

Die Hauptverhandlung vor der Jugendstrafkammer 9 begann am 7. November 2005. Said Pahlewi war inzwischen volljährig, so dass sein Vater nicht mehr als gesetzlicher Vertreter am Verfahren beteiligt war. Aber er hatte gleichwohl das Recht, an der öffentlichen Hauptverhandlung teilzunehmen, was er auch tat. Im Hinblick auf das inakzeptable Fehlverhalten des Vaters in dem Verfahren vor dem Jugendschöffengericht habe ich ihn gleich zu Beginn der Verhandlung mit deutlichen Worten darauf hingewiesen, dass ich Ausfälle welcher Art auch immer von ihm nicht dulden würde; ich habe dem Vater empfohlen, den Saal zu verlassen, wenn er merken würde, dass er sich nicht mehr beherrschen könne. Einmal hat er diese Empfehlung auch aufgegriffen und den Saal verlassen; im übrigen hat er sich aber beanstandungsfrei verhalten. Said hat die

Tatvorwürfe - von seinem vernünftigen Anwalt gut beraten - eingeräumt und auch sein Bedauern hinsichtlich des erneuten Versagens zum Ausdruck gebracht. Auf meine Frage, weshalb er sich nur wenige Wochen nach der letzten Verurteilung zu einer Bewährungsstrafe erneut nachts in eine Lokalität von zweifelhaftem Ruf begeben habe, meinte er allerdings, dazu jedenfalls das Recht gehabt zu haben. Als wir den Lebenslauf des Angeklagten besprachen, stellte ich ihm zu einer bestimmten Situation in der Zehlendorfer Schule, von der mir meine Frau berichtet hatte, eine Frage. Ganz erstaunt fragte Said mich „woher wissen sie denn das?", worauf ich ihm antwortete „ein Richter weiß alles!". Mit dieser Antwort gab er sich zufrieden.

Bereits am dritten Verhandlungstag, dem 10. November 2005, konnten wir das Urteil sprechen. Der Angeklagte hatte im Hinblick auf sein Geständnis und die von ihm möglicherweise eher aus taktischen Gründen geäußerte Reue wiederum auf eine Bewährungsstrafe gehofft, wie dies bei den vergangenen Gerichtsverhandlungen ja auch geklappt hatte. Diesmal war seine Hoffnung aber vergeblich, da er doch allzu nachhaltig gezeigt hatte, dass jetzt nur noch Strenge und Konsequenz bei ihm vielleicht etwas bewirken konnte. Said Pahlewi wurde daher wegen der von ihm begangenen Straftaten von uns zu einer Jugendstrafe von drei Jahren und zwei Monaten verurteilt. Er musste auch weiterhin in Untersuchungshaft bleiben, angesichts der negativen Rolle, die sein Vater bisher im Zusammenhang mit dem strafbaren Verhalten seines Sohnes eingenommen hatte, sahen wir keine Möglichkeit einer Haftverschonung.

Der Angeklagte hat das Urteil angenommen und kein Rechtsmittel eingelegt.

XI

Die Pokerräuber

Anfang März 2010 fand in einem renommierten Berliner Hotel, in der Nähe eines großen Einkaufszentrums gelegen, ein auf eine Woche terminiertes internationales Pokerturnier mit etwa 1000 Teilnehmern aus vielen verschiedenen Ländern statt. Einige Promis, die damit sowohl ihrer Popularität als auch ihrem Portemonnaie einen neuen Schub verleihen wollten, waren unter den Pokerspielern, darunter auch ein ehemaliger Spitzensportler, der nach seiner sportlichen Laufbahn nicht mehr allzu viel auf die Reihe bekommen hat. Die Masse der Teilnehmer bestand aber aus Zockern, die einfach nur auf einen möglichst hohen Gewinn aus waren, denn die in Berlin von den Spielern bar einzuzahlenden Startgelder sollten insgesamt rund 1 Million Euro betragen und entsprechend hoch waren die möglichen Siegprämien. Angesichts solcher Zahlen verwundert es nicht, dass auch die Berliner Kriminalitätsszene alarmiert war und in irgendeiner Weise an den hohen Gewinnen partizipieren wollte. Da dies aber auf dem Wege eines erfolgreichen Pokerspiels mit zu vielen Unwägbarkeiten verbunden wäre, beschlossen Mohamad Ch., Mitglied eines zumindest in Berliner Strafverfolgungskreisen sehr bekannten kriminellen arabischen Großclans, und Khaled R., zugehörig zu einem noch nicht ganz so bekannten arabischen Clan, sich durch einen Überfall in den Besitz zumindest eines Großteils der Startgelder zu setzen. Mohamad Ch. meldete sich als Teilnehmer zu dem Turnier an und hatte die Aufgabe übernommen, dem Khaled R. zu gegebener Zeit telefonisch den geeigneten Moment und den geeigneten Ort für einen Überfall mitzuteilen. Khaled R. wollte sich nun aber nicht selbst die Hände schmutzig machen und beauftragte daher am 6. März 2010 seinen Neffen Ali, drei weitere geeignete junge Männer zusammenzutrommeln, die nicht viel fragen würden, sondern mit der Aussicht auf eine stattliche Beute ohne weiteres bereit wären, einen Raubüberfall zu begehen. Solche jungen Männer schnell zu finden, ist in Berlin nicht schwer und dementsprechend hatte Khaled R. seinem Neffen auch bereits zwei infrage kommende Männer genannt. So kamen bereits kurze Zeit später am telefonisch vereinbarten Treffpunkt, einem nicht weit von dem fraglichen Hotel entfernten Spielplatz, neben dem Onkel Khaled R. noch sein Neffe Ali sowie Kemal und Jihad, die beiden vom Onkel vorgeschlagenen Personen, zusammen. Kemal hatte noch seinen Kumpel Faruk mitgebracht, der erst vor wenigen Wochen nach Verbüßung einer mehrjährigen Jugendstrafe aus der Jugendstrafanstalt Berlin entlassen worden war. Kemal und Faruk sind beide in der Türkei geboren, aber bereits als kleine Jungen mit ihren Eltern und vielen Geschwistern nach Deutschland gekommen. Ali und Jihad sind beide in Berlin geboren, sie entstammen kinderreichen arabischen Familien. Außer Faruk, der ohne Abschluss aus der 9. Klasse abgegangen ist, haben die anderen drei immerhin den mittleren Schulabschluss geschafft. Allerdings haben alle vier jungen Männer nach der Schule im Berufsleben nicht wirklich Fuß gefasst, ob mangels Möglichkeiten - eher unwahrscheinlich - oder mangels Lust - eher wahrscheinlich - konnte letztlich nicht festgestellt werden. Jedenfalls lebten alle vier zuletzt vornehmlich von staatlichen Transferleistungen. Strafrechtliche Vorbelastungen hatten sie alle aufzuweisen. Aufgrund dieser strafrechtlichen Vorerfahrungen hatten auch alle vier ihre Handys auf dem Spielplatz ausgeschaltet, um nicht geortet werden zu können. Nachdem sie vom Onkel kurz darüber informiert worden waren, dass es um den Überfall auf das Pokerturnier ginge und eine Beute von rund einer Million Euro zu erwarten sei, waren alle sofort zur Teilnahme bereit. Sie besorgten sich Masken, Handschuhe, eine echt aussehende ungeladene Schreckschusspistole und eine Machete mit ca. 40 cm langer Klinge - von den jungen Männern alles problemlos innerhalb kürzester Zeit zu organisieren - und fuhren mit zwei PKWs zu einem Schnellrestaurant in der Nähe des Veranstaltungsortes des Pokerturniers. Kemal erhielt nun vom Onkel den Auftrag, sich in die Räumlichkeiten des Hotels zu begeben und die dortigen Möglichkeiten für einen Überfall auszuspionieren. In Erfüllung dieses Auftrages fand Kemal - er hatte sich zuvor seine rote Jacke ausgezogen und sich mit einer unauffälligen grauen Jacke bekleidet - heraus, dass sich in der Lobby des Hotels vor dem Ballsaal in der ersten Etage, in dem das Pokerturnier stattfand, ein improvisierter und lediglich mit Flatterbändern abgesperrter Kassenbereich befand, in dem sich die Startgelder weitestgehend ungesichert in einem offenen Tresor befanden, lediglich von zwei unbewaffneten Wachmännern geschützt. Mit diesen erfreulichen Informationen kehrte Kemal zurück in das Schnellrestaurant und erstattete dem Onkel und den jungen Männern, mit denen zusammen er den Überfall begehen wollte, Bericht. Jetzt warteten der Onkel und die jungen Männer auf den Anruf von Mohamad Ch., der das Signal zum Losschlagen geben sollte. Dieser Anruf kam um 14 Uhr 10; Mohamad Ch. hatte herausgefunden, dass das Einzahlen der Startgelder abgeschlossen und damit die höchstmögliche Summe im Tresor war, das Geld aber noch gezählt wurde und der Tresor daher weiterhin offen stand, der Zeitpunkt also geeignet war.

Die vier Täter begaben sich nun zunächst gemessenen Schrittes vom Schnellrestaurant zum Hotel, zogen sich im dortigen Treppenhaus die Masken über, Kemal - er hatte sich inzwischen wieder seine rote Jacke angezogen - hielt die Schreckschusspistole in der Hand, Jihad hatte die Machete ergriffen, und alle vier stürmten nun laut brüllend in den Kassenbereich in der 1. Etage des Hotels. Kemal und wenig später auch Jihad gelang es, bis unmittelbar zum Tresor vorzudringen, wobei Kemal einen Turniermitarbeiter mit der Schusswaffe bedrohte, und in eine vorgefundene Laptop-Tasche etwa 450.000,- € zu stopfen; weitere etwa 240.000,- € steckten Kemal und Jihad in aller Eile in die Taschen ihrer beiden Jacken. Gleichzeitig hatte sich zwischen Ali und Faruk auf der einen und dem Wachmann Schulze auf der anderen Seite eine tätliche Auseinandersetzung entwickelt, in deren Verlauf der Wachmann zu Boden ging und von Faruk auch schmerzhaft in den Rücken getreten wurde. Als wenig später auch der hünenhafte Wachmann Meier eingriff, wichen Ali und Faruk zurück und flüchteten ins Erdgeschoss und aus dem Hotel. Nun wandte sich Wachmann Meier, während sein Kollege Schulze sich wieder aufgerappelt und nach unten gelaufen war, Kemal und Jihad zu, die soeben mit dem Verstauen des Geldes fertig geworden waren. Während es Jihad gelang, unter drohendem Schwingen der Machete laut brüllend am Wachmann vorbei die Treppe zu erreichen und mit der von ihm in seiner Jacke verstauten Beute das Hotel zu verlassen, ergriff der kräftige Wachmann den schmächtigen Kemal und hielt ihn im Schwitzkasten. In dieser Situation musste Kemal die Laptoptasche mit etwa 450.000,- € loslassen, die der im Hotel angestellte 19-jährige Azubi Maik geistesgegenwärtig ergriff und fortschaffte und so dem Veranstalter einen noch wesentlich höheren Schaden ersparte.

Auf dem in der Hauptverhandlung in Augenschein genommenen Überwachungsvideo war anschaulich zu sehen, wie mehrere junge Männer, offensichtlich Teilnehmer am Pokerturnier oder auch Hotelangestellte, währenddessen interessiert zu dem Wachmann und dem vom ihm im Schwitzkasten gehaltenen Täter hinblickten, aber keiner Anstalten machte, irgendwie einzugreifen. So kam es, dass die drei geflüchteten Täter, die ihren Mittäter vor dem Hotel vermissten, wieder die Treppe hoch gestürmt kamen und laut brüllend und die Machete schwingend auf den Wachmann Meier zuliefen; dieser sah sich dadurch veranlasst, den von ihm festgehaltenen jungen Mann loszulassen. Allen vier Tätern gelang es daher, mit einer Beute von insgesamt 240.000,- € durch ein Einkaufszentrum hindurch bis zu dem vom Onkel gesteuerten und zwischenzeitlich in der Nähe geparkten PKW zu entkommen; zu fünft setzten sie mit dem PKW die Flucht erfolgreich fort. In einer nahegelegenen Garage wurde die Beute aufgeteilt. Jeder der vier jungen Männer erhielt 40.000,- €, der Rest von 80.000,- € verblieb beim Onkel; wie viel der Tippgeber Mohamad Ch. erhalten hat, war nicht festzustellen. Von der Beute ist bis auf einen Betrag von 4000,- € nichts wieder aufgetaucht.

Bei den Ermittlungen zu diesem spektakulären Raub war die Polizei schnell erfolgreich, auch dank der Mithilfe einer aufmerksamen Zeugin. Dieser, einer an genaues Hinsehen gewöhnten Kunsthistorikerin, war nämlich am Tattag vor dem Schnellrestaurant ein Mercedes aufgefallen, dessen vorderes Kennzeichen hinter der Windschutzscheibe lag und um den herum sich mehrere „südländisch" aussehende junge Männer in auffälliger Weise bewegten. Sie hatte sich das Kennzeichen gemerkt und dieses der Polizei mitgeteilt. Und, siehe da, das Fahrzeug war auf Kemal zugelassen! Mit seinem eigenen PKW zum Ort einer geplanten Straftat zu fahren, zeugt nicht eben von besonderer Cleverness! Aufgrund dieses Umstandes und einiger anderer Indizien erwirkte die Staatsanwaltschaft einen Haftbefehl gegen Kemal, der sich alsbald in Begleitung seines Verteidigers bei den Ermittlungsbehörden stellte und sowohl seine eigene Beteiligung an der Tat einräumte als auch seine drei unmittelbaren Mittäter benannte. Gegen diese erging dann auch Haftbefehl. Ali und Faruk stellten sich daraufhin in Begleitung ihrer Anwälte ebenfalls; Faruk war in seiner er-

sten polizeilichen Vernehmung geständig und benannte seine
Mittäter, als erster nannte er auch den Khaled Ch. als Organisator der Tat. Jihad wurde in Berlin festgenommen, wobei er
den festnehmenden Beamten gegenüber sogleich zugab, einer
der Pokerräuber zu sein; auch er benannte seine Mittäter einschließlich des Khaled R. Dessen Neffe Ali äußerte sich zunächst nicht. Aufgrund der Angaben von insbesondere Faruk
und Jihad wurde auch gegen Khaled R. ein Haftbefehl erwirkt
und dieser wurde ebenfalls bald festgenommen; er äußerte sich
jedoch gegenüber Polizei und Haftrichter nicht.

Die Staatsanwaltschaft erhob nun wegen schweren Raubes Anklage zur Strafkammer 9 gegen die vier jungen Männer, von
denen drei geständig waren und der vierte über seinen Verteidiger für die Hauptverhandlung ein Geständnis avisierte, und
gegen den nicht geständigen deutlich älteren Organisator der
Tat; der Tippgeber war zunächst noch nicht ermittelt.

Einige Wochen später - ein Verhandlungstermin war von
mir noch nicht festgesetzt worden - rief mich der für die Pokerräuber zuständige tüchtige, in dieser Situation aber etwas
übereifrige Staatsanwalt an und teilte mir freudig erregt mit,
Bedienstete hätten, als Khaled R. von einer Besprechung mit
seinen Verteidigern in der Haftanstalt in seinen Haftraum
zurückkehrte und auf dem Weg versehentlich einige Papiere
fallen ließ, diese sichergestellt und ihm, dem Staatsanwalt zugeleitet; diese Papiere enthielten ein schriftliches Geständnis,
sie würden am Folgetag der Kammer zum Zwecke der Beschlagnahme zugeleitet. Ich nahm diese Mitteilung zunächst
einmal zur Kenntnis, durchdachte die Situation abends unter
Zuhilfenahme eines StPO-Kommentars und kam zu dem Ergebnis, dass die Beschlagnahme unzulässig sei, da es sich im
weiteren Sinne um Verteidigerunterlagen handelte. Dies teilte
ich am nächsten Tag telefonisch dem Staatsanwalt mit, der

inzwischen auch zu dieser Rechtsauffassung gelangt war und den Antrag auf Beschlagnahme zurücknahm. Wenig später rief mich einer der Verteidiger von Khaled R. wutentbrannt an und beschwerte sich über die skandalöse Vorgehensweise der Justizbehörden; ich versuchte vergeblich, ihn zu beruhigen und teilte ihm mit, ich würde ihm die Unterlagen, ohne in sie Einsicht zu nehmen, zukommen lassen, was ich dann auch tat. An einem der nächsten Tage suchte mich der zweite Verteidiger von Khaled R. in meinem Dienstzimmer auf; mit diesem kam ich besser klar - vielleicht lag das daran, dass wir beide Biker sind - und wir konnten ein vernünftiges Gespräch führen. Für uns beide war schnell klar, dass eine Verhandlung gegen Khaled R. vor der Strafkammer 9 nur dann in Betracht käme, wenn auch er geständig sein würde, ansonsten eine Abtrennung und Eröffnung vor einer Erwachsenenkammer erforderlich würde. Eine konkrete Straferwartung für den Fall eines Geständnisses auszusprechen, sah ich mich aus grundsätzlichen Erwägungen nicht in der Lage, zumal drei der anderen sich bereits geständig eingelassen hatten, ohne zuvor die Chancen und Risiken insoweit zu kennen.

Der Verteidiger dachte nun laut, er könne sich bei einem Geständnis eine Strafe von unter sechs Jahren vorstellen, die im denkbaren Falle einer Verurteilung ohne Geständnis über sieben Jahren liegen dürfte; ich entgegnete ihm nur: „Sie sind ein erfahrener Strafverteidiger!“ Es kam letztlich nicht zu einem Geständnis und wir trennten das Verfahren gegen Khaled Ch. ab.

Unsere Hauptverhandlung lief an sechs Verhandlungstagen im Juni und Juli 2010 reibungslos. Alle vier Angeklagten waren geständig, aber nicht bereit, etwas über den Verbleib der doch ganz außergewöhnlich hohen Beute zu sagen. Interessant war die Aussage des Wachmannes Schulze, wonach er im Rahmen der tätlichen Auseinandersetzung fünf oder sechs Mal von einem der Täter getreten worden sei. An der Glaubwürdigkeit des Zeugen gab es eigentlich keinerlei Zweifel; in dieser Situation war es hilfreich, dass uns die Überwachungsvideos zur Verfügung standen, denn aus diesen ergab sich eindeutig, dass es lediglich zu einem Fußtritt gegen den Zeugen gekommen ist. Das macht einmal mehr anschaulich, mit wie viel Vorsicht auch die Angaben von gutwilligen und um die Wahrheit bemühten Zeugen zu bewerten sind.

Fast ein bisschen amüsant waren die Videoaufnahmen - in der Hauptverhandlung zu sehen auf ca. 3 m mal 4 m großen, von der Polizei nebst Beamer zur Verfügung gestellten Leinwänden; die traditionell spartanisch ausgestattete Berliner Justiz verfügt über solche technischen Hilfsmittel natürlich nicht - von Wachmann Meier, wie dieser, ausgestattet mit einem Kampfgewicht von ca. 125 kg bei einer Größe von etwa 1,95 m, den eher mickrigen bestenfalls 65 kg wiegenden und etwa 1,65 m kleinen Kemal in den Schwitzkasten nimmt und dieser in den kräftigen Armen des Wachmannes hilflos zappelt. Diese eindeutigen körperlichen Vorteile vermochten freilich nicht zu verhindern, dass die drei Mittäter Kemal alsbald aus seiner misslichen Lage befreiten und alle vier Täter zunächst flüchten konnten, nicht zuletzt deshalb, weil keiner der anwesenden jungen Männer dem Wachmann zu Hilfe eilte. Insgesamt spielte Kemal bei dem gesamten Geschehen eine eher unrühmliche Hauptrolle auch insofern, als er sich vor Beginn der Tat wieder seine auffällige rote Jacke anzog; dadurch war er auf den Überwachungsvideos sowohl des Hotels als auch des Einkaufszentrums, durch das die spätere Flucht der Täter führte, immer besonders gut zu erkennen.

Am 1. Juni 2010 wurden die Angeklagten des schweren Raubes in Tateinheit mit gefährlicher Körperverletzung schuldig gesprochen. Alle vier hatten auf Bewährungsstrafen gehofft, aber vermutlich nicht ernsthaft.

Die drei heranwachsenden Angeklagten Jihad, Ali und Faruk wurden von uns jeweils zu einer Jugendstrafe von drei Jahren und sechs Monaten verurteilt, der schon dem Erwachsenenrecht unterfallende Kemal erhielt eine Freiheitsstrafe von drei Jahren und neun Monaten.

Am Ende der Verhandlung kam der Verteidiger von Neffe Ali, der schon etwas ältere und in Berlin durchaus bekannte Rechtsanwalt Pierre Müller, nach vorne zum Richtertisch. Mit Rechtsanwalt Müller hatte ich in der Vergangenheit schon manchen Strauß ausgefochten, einmal war ich wegen eines von mir als unlauter erachteten Vorgehens sogar ernstlich sauer mit ihm. Ich dachte, er würde nun wieder - wie er es auch gerne einmal tat - der Kammer im Allgemeinen und dem Vorsitzenden im Besonderen eröffnen, was wir alles falsch gemacht hätten. Aber, oh Wunder, er bedankte sich namens seines Mandanten für das faire Verfahren. So kann man sich irren!

Das abgetrennte Verfahren gegen den Onkel Khaled R. und den inzwischen ebenfalls gefassten Mohamad Ch. wurde später vor einer allgemeinen Strafkammer des Landgerichts Berlin geführt. Die dortigen Verteidiger machten eine Menge Theater, das Verfahren, in dem auch ich als Zeuge gehört wurde, dauerte insgesamt rund ein Jahr. Ganz am Ende legten beide Angeklagte auch dort ein Geständnis ab; Khaled R. erhielt eine Strafe von sechs Jahren und vier Monaten. Es hat mich mit einer gewissen Genugtuung erfüllt, dass sich seine und die Taktiererei seiner Verteidiger für ihn nicht gelohnt hat, denn bei uns hätte er viel früher und viel stressfreier eine niedrigere Strafe bekommen können.

XVII

Die schöne Lettin

Der aus dem Libanon stammende und schon lange in Berlin lebende 42-jährige Ahmad T. war seit über 20 Jahren verheiratet und hatte mit seiner Frau Fatima zehn Kinder, darunter den zum Zeitpunkt des hiesigen Geschehens im Februar 2010 sechzehnjährigen Mustafa. Nach rund eineinhalb Jahrzehnten Ehe reichte dem Ahmad seine aufgrund der vielen Geburten etwas in die Breite gegangene Ehefrau alleine nicht mehr aus und er sah sich diesbezüglich nach einer Ergänzung um. Diese fand er in der 15 Jahre jüngeren attraktiven Lettin Maria, die er alsbald zu seiner „Zweitfrau" nahm und die ihm im Januar 2007 und im Oktober 2008 zwei Kinder gebar. Seine erste Ehefrau war zwar von dieser Entwicklung alles andere als begeistert, nahm sie aber - insbesondere nach der Geburt der zwei Kinder, die dieser Beziehung ein gewisses Maß an Legitimität verliehen - notgedrungen hin. Die beiden kleinen Kinder übernachteten mitunter in der Wohnung vom Ahmad und Fatima, während Mustafa, als einziger aus der Ursprungsfamilie, auch einen losen Kontakt zu Maria, die mit ihren beiden Kindern in einer eigenen Wohnung lebte, pflegte. Zunächst war Maria, die von Ahmad T. materiell versorgt wurde, mit der für unsere Verhältnisse jedenfalls ungewöhnlichen Situation als Zweitfrau offensichtlich einigermaßen zufrieden; dies änderte sich jedoch nach wenigen Jahren, weil sie sich von ihrem Ehemann vernachlässigt und ein wenig als „fünftes Rad am Wagen" fühlte. Sie suchte daher Trost in einer virtuellen Liebesbeziehung im Internet, die sie ab Anfang Januar 2010 zu einem in Kasachstan lebenden jungen Mann fand, mit dem sie per Mail und auch über Funktelefon intensive Kontakte pflegte und ihm dabei auch von der schwierigen Situation mit ihrem Ehemann berichtete. Ahmad T. entdeckte zufällig die heimliche Verbindung seiner Zweitfrau, wurde darüber sehr wütend - so was macht eine Frau mit ihrem arabischen Ehemann nicht !! - und schlug Maria deswegen auch heftig, was diese ebenfalls ihrem Internetfreund mitteilte wie auch ihre Absicht, sich nunmehr von ihrem Mann zu trennen. Diese von Ahmad bei einer Kontrolle des Laptops seiner Ehefrau entdeckte Trennungsabsicht machte nun das Maß endgültig voll; sie war letztlich das Todesurteil für die junge Mutter.

Am Morgen des 23. Februar 2010 suchte der 16-jährige Sohn von Ahmad T., unser Angeklagter Mustafa, die Wohnung von Maria auf, die ihm arglos öffnete und ihn ins Wohnzimmer führte, da sie ihn ja kannte und mit ihm auch ein relativ gutes Einvernehmen hatte; ihre Kinder, drei und vier Jahre alt, schliefen noch im Nachbarzimmer.

Was in den nächsten Minuten geschah, ist unklar geblieben, die Justiz konnte das Geschehen trotz zweier Versuche nicht aufklären. Schreckliche Tatsache ist, dass die 29-jährige junge Mutter, während ihre Kinder sich im Nachbarzimmer befanden und hoffentlich fest schliefen, von 13 Messerstichen mit einem Küchenmesser mit einer 20 cm langen und 4 cm breiten Klinge in den Bauch und in den Rücken tödlich verletzt wurde.

Dass Mustafa diese Mordtat aus eigenem Antrieb und eigenhändig begangen hat, erscheint unwahrscheinlich, da er in eigener Person kein Motiv hatte und sich mit dem Opfer zuvor auch relativ gut verstanden hatte. Denkbar ist, dass er von seinem Vater, der in Form eines gekränkten Ehrgefühls ein wenn auch nach mitteleuropäischen Maßstäben nicht nachvollziehbares Motiv für die Bluttat gehabt haben dürfte, instrumentalisiert und zur Ausführung der Tat missbraucht worden ist. Denn Mustafa ist nach streng hierarchischen autoritären Prinzipien erzogen worden und hätte Anordnungen seines Vaters daher vermutlich widerspruchslos befolgt. Auch dürfte sich - was das Begehen sogenannter „Ehrenmorde" betrifft - in den dafür anfälligen Kreisen schnell herumgesprochen haben, dass nach dem in Deutschland geltenden Recht Jugendliche für solche Taten weniger streng belangt werden als erwachsene Täter. Genauso erscheint es möglich, dass Mustafa kurz nach Betreten der Opferwohnung seinen ebenfalls Einlass begehrenden Vater eingelassen hat, entweder völlig arglos oder auch in Kenntnis und im Bewusstsein, dass der Vater nunmehr seine Zweitfrau umbringen würde. Dass eine dritte Person die Tötung der jungen Frau durchgeführt hat, ist nach allem, was die Justiz herausfinden konnte, ausgeschlossen. Sofern Mustafa die tödlichen Stiche nicht selbst gesetzt haben sollte, stand er bei Zufügung derselben durch seinen Vater jedenfalls in unmittelbarer Nähe von Täter und Opfer, da die von ihm getragene Hose vom Opfer stammende feinste Blutspuren aufwies, wie sie nach Angaben einer Sachverständigen nur beim mehrfachen schwungvollen Ausholen eines bebluteten Messers entstehen können.

Es steht jedenfalls fest, dass Mustafa nur Minuten nach der Tat anonym die Polizei alarmiert hat, die wenig später in der Wohnung die Leiche entdeckt hat. Fest steht auch, dass der Vater am Tattag gegenüber Polizeibeamten die Vermutung geäußert hat, dass sein Sohn seiner Zweitfrau etwas angetan habe, ein ungewöhnliches Verhalten für eine arabische Familie. Der Sohn Mustafa wiederum, auch noch am Tattag von der Polizei vernommen, führte diese zu der Stelle, an der er eingestandenermaßen selbst das Tatmesser versteckt hatte. Die Tatausführung räumte er aber nicht ein. Der Vater Ahmad T. stand zu weiteren polizeilichen oder richterlichen Vernehmungen nicht mehr zur Verfügung, weil er sich - soweit mir bekannt, bis heute - mit unbekanntem Ziel aus Berlin abgesetzt hat.

Aufgrund dieser Beweislage klagte die Staatsanwaltschaft Mustafa T. wegen Totschlags an. Die Kollegen einer anderen Jugendkammer sahen nach durchgeführter Beweisaufnahme die Alleintäterschaft von Mustafa T. als erwiesen an und verurteilten ihn am 28. Januar 2011 zu einer Jugendstrafe von sechs Jahren.

Auf die vom Angeklagten eingelegte Revision hob der Bundesgerichtshof dieses Urteil am 2. August 2011 auf mit der Begründung, das Gericht habe naheliegende Alternativgeschehen wie eine Alleintäterschaft des Vaters oder einer dritten Person oder ein Zusammenwirken des Angeklagten mit seinem Vater oder auch ein Handeln des Angeklagten aufgrund Anordnung des Vaters nicht hinreichend genau geprüft.

Nunmehr waren wir in der Strafkammer 9 an der Reihe. In der mehrtätigen Hauptverhandlung haben wir auch nicht mehr Einzelheiten herausfinden können als die Kollegen ein Jahr zuvor. Der Angeklagte äußerte sich weiterhin nicht und zusätzliche Beweismittel standen nicht zur Verfügung, insbesondere war der selbst tatverdächtige Vater weiterhin für die Berliner Justiz nicht greifbar. So kam also alles auf die Bewertung der Beweislage an, wobei wir die vom Bundesgerichtshof vorgegebenen Aspekte nicht außer Betracht lassen durften. Aufgrund der ganz speziellen Blutspuren an der vom Angeklagten getragenen Hose stand zu unserer Überzeugung fest, dass er bei der Tatausführung, dem mehrfachen wuchtigen Zustoßen mit dem Messer, zumindest direkt neben dem Täter gestanden haben muss, wenn er nicht sogar in eigener Person die Tat ausgeführt hat. Diese erste wichtige Frage haben wir nach dem Zweifelsgrundsatz dahin beantworten müssen, dass der Angeklagte nicht selbst zugestochen hat. Die Belastung von Mustafa T. durch seinen eigenen Vater haben wir dabei nicht berücksichtigt, da wir zum einen den Vater nicht als Zeugen hören konnten und dieser zum anderen selbst in hohem Maße tatverdächtig war und ist. Nun könnte in dem vom Angeklagten selbst eingeräumten Umstand, dass er nach der Tat das Tatmesser versteckt hat, eine Beihilfehandlung liegen, dies aber auch nur dann, wenn er diese Hilfeleistung dem Täter schon vor Tatausführung versprochen hätte. Das mag sehr naheliegend sein, aber sicher feststellen konnten wir auch das nicht. Und eine Strafvereitelung zugunsten des Vaters wäre für den Sohn nicht strafbar.

Also blieb uns nichts anderes übrig, als Mustafa T. freizusprechen, dies übrigens gemäß dem Antrag der Staatsanwaltschaft in unserer Hauptverhandlung. Es bleibt wohl nicht nur bei mir das unbefriedigende Gefühl zurück, dass die Berliner Justiz - uns in der Strafkammer 9 eingeschlossen - nicht in der Lage war, die Umstände des gewaltsamen Todes einer jungen Mutter, den sie in Gegenwart ihrer kleinen Kinder erleiden musste, aufzuklären und die Tat angemessen zu ahnden.

Geradezu grotesk ist aus meiner Sicht der Umstand, dass die beiden kleinen Kinder der Getöteten in der Familie des mutmaßlichen Mörders ihrer Mutter untergebracht worden sind.

XVIII

Der Verlobte

Im Juli 2012 waren meine Kolleginnen und ich auf dem Weg zu unserem Sitzungssaal 817, um in einer wenige Tage zuvor bei uns eingegangenen Mordsache auf Antrag eines der beiden Angeschuldigten einen Haftprüfungstermin durchzuführen. Als wir den Saal erreicht hatten und ich dabei war, auf dem Flur den mir gut bekannten Verteidiger zu begrüßen, kam plötzlich ein mittelgroßer Mann von geschätzt 45 Jahren mit einem runden Gesicht und einer dasselbe beherrschenden schwarzen Hornbrille zielstrebig auf mich zu, grüßte nicht, stellte sich auch nicht vor, sondern äußerte lediglich „ ich werde an dem Haftprüfungstermin teilnehmen! " Ich erwiderte daraufhin lediglich „nein, das werden Sie nicht, der Haftprüfungstermin ist nicht öffentlich!", ließ den Mann stehen und betrat den Saal. Bevor wir die - aussichtslose - Haftprüfung beendeten und Haftfortdauer anordneten, bat mich der Verteidiger, ihm einen Gefallen zu tun und den energischen Mann von draußen kurz anzuhören; er wisse zwar nicht recht, in welchem Verhältnis dieser zu seinem Mandanten stehe, aber er „renne ihm die Bude ein" und wolle pausenlos in seinem Büro über den Fall und was nun zu tun sei reden. Da mir an einem guten Verhältnis zum Verteidiger gelegen war und wir zudem auch Zeit hatten, hörte wir den eifrigen Mann kurz an, der uns darlegte, dass der Angeschuldigte ein ganz besonders wertvoller Mensch sei, den wir eigentlich nicht einsperren dürften. Wir nahmen diese Ausführungen zur Kenntnis, ohne dass sie an unserer Entscheidung, den Angeschuldigten weiter in Untersuchungshaft zu belassen, etwas geändert hätten.

Aber worum ging es eigentlich?

Der 18-jährige Valdas, der dem bebrillten Mann so sehr am Herzen lag, ist in einer größeren Stadt in Litauen in geordneten Verhältnissen aufgewachsen. Er war gut in der Schule, erreichte im Mai 2011 mit guten Noten das Abitur, sprach mehrere Fremdsprachen und war zudem musikalisch begabt. Zu einem Bruch in der Familie kam es, als er im Alter von 15 Jahren seinen Eltern offenbarte, dass er homosexuell sei; die Eltern waren völlig verständnislos, hielten diese Veranlagung - nicht untypisch im dortigen Umfeld - für eine Krankheit, konsultierten mit ihrem Sohn diverse Ärzte und Psychologen und verboten Valdas den Umgang mit dem vierjährigen Sohn seiner Schwester aus Angst, dieser könnte „angesteckt" werden. Im Alter von 16 Jahren lernte Valdas in Litauen den 15 Jahre älteren, ebenfalls homosexuellen Rainas Balderis persönlich kennen, mit dem er bereits seit etwa zwei Jahren im Internet gechattet hatte. Zu diesem Zeitpunkt gab es keinerlei sexuelle Kontakte zwischen Rainas und Valdas, letzterer hatte aber in Litauen auf Initiative des Rainas einmal Sex gegen Geldzahlung mit einem von dessen Bekannten. In der Folgezeit hielten die beiden ungleichen Männer nur über das Internet Kontakt, bis Valdas den Rainas über Sylvester 2010/2011 für eine Woche in Berlin besuchte, wo dieser bereits seit einigen Jahren lebte und einen Callboy-Ring vornehmlich mit Jungen aus dem Baltikum unterhielt, was Valdas anlässlich dieses Besuches auch mitbekam, ohne selbst in dieser Richtung für Rainas tätig zu werden. Nachdem Valdas im Frühjahr 2011 aus der elterlichen Wohnung ausgezogen war, arbeitete er vorübergehend in Litauen als Kellner. Wegen seiner ausgeprägten Musikalität entwickelte sich in ihm der Traum, im Herbst 2011 nach New York zu fliegen und dort eine Karriere als Musiker zu starten. Er sah aber keinerlei Möglichkeiten, das dafür erforderliche

Geld als Kellner zu erarbeiten; so kam er auf die Idee, zu dem Rainas nach Berlin zu fahren, um für dessen „Escort-Service" als Callboy zu arbeiten, bis er das Geld für den USA-Aufenthalt verdient hätte. Er besprach sein Vorhaben via Internet mit Rainas, dieser war einverstanden und am 1. Oktober 2011 erschien Valdas in dessen Ein-Zimmer-Wohnung in Berlin, um dort vorübergehend Quartier zu beziehen und seinen „Job" gemäß den Vorgaben seines „Zuhälters" anzutreten.

Auch der 19-jährige Sascha wuchs in Litauen auf, unter ziemlich beengten und einfachen dörflichen Verhältnissen. In der Schule war er ein Außenseiter, der von den Mitschülern gehänselt und gemobbt wurde. Er verließ die Schule zunächst ohne Abschluss aus der 9. Klasse, schaffte - nach einem kurzen Intermezzo in einer bald wieder abgebrochenen Ausbildung - aber dann an einer Abendschule das Abitur. Auch er hatte im Alter von etwa 15 Jahren festgestellt, dass er homosexuell war. Schon etwas früher als Valdas hatte er ebenfalls über das Internet Rainas Balderis kennengelernt und diesen erstmals im Herbst 2009 für zwei Wochen in Berlin besucht, ohne dass es bei diesem ersten Besuch zu sexuellen Kontakten gekommen war. Über Sylvester 2010/2011 besuchte Sascha den Rainas erneut und lernte anlässlich dieses Besuches auch den Valdas kennen. Sascha blieb dann bei Rainas, arbeitete in dessen „Escort-Service" und stand diesem - als Ausgleich für Kost und Logis - auch als Sexualpartner zur Verfügung. Im Frühjahr 2011 wollte Sascha die Callboy-Tätigkeit beenden und fuhr zurück nach Litauen. Da er dort aber beruflich nicht Fuß fassen konnte, kam er Mitte September 2011 wieder nach Berlin zu Rainas, um erneut bei diesem zu leben und für ihn als Callboy zu arbeiten; am 1. Oktober stieß, wie bereits erwähnt, auch Valdas hinzu, so dass ab diesem Zeitpunkt drei Personen unter beengten Verhältnissen in der Ein-Zimmer-Wohnung lebten.

Rainas Balderis bot die Dienste der beiden jungen Männer über Internet-Portale an, der Verdienst von zwischen 100,- € und 200,- € pro Freier sollte zwischen dem jeweiligen jungen Mann und dem „Zuhälter" aufgeteilt werden, die sexuellen Handlungen sollten entweder in der Wohnung des Rainas, in der Wohnung der jeweiligen Freier oder in einem Hotel stattfinden. Dass die beiden Jungen ihrem Zuhälter unentgeltlich auch sexuell zu Diensten sein mussten, verstand sich für diesen von selbst und wurde von den jungen Männern letztlich auch hingenommen.

Im Rahmen der sexuellen Dienstleistungen lernte Valdas auch den „Mann mit der Brille" kennen, der sich über den Escort-Service des Rainas Balderis den jungen Mann bestellt hatte und sich dann bereits nach dem ersten Treffen offensichtlich auch emotional sehr zu dem jungen Mann hingezogen fühlte, dazu später mehr.

Valdas und Sascha waren recht bald mit ihrer Situation unzufrieden. Sie fühlten sich von Rainas Balderis ausgebeutet, da dieser nur unregelmäßig und unvollständig die vereinbarte Hälfte der Geldsummen, die er von den Freiern kassierte, den beiden jungen Männern auszahlte, da er oft - zumal unter Alkoholeinfluss, was häufig der Fall war - launenhaft und aggressiv war und da die beiden zudem immer häufiger von ihm als willige Gespielen für seine sexuellen Lüste herangezogen wurden. So war die Situation auch am späten Abend des 1. November 2011; die beiden jungen Männer waren sauer auf ihren „Chef", weil dieser ihnen nicht das ihnen zustehende Geld geben wollte. Als der angetrunkene und nur mit einem T-Shirt bekleidete Rainas B. vor einer Geldzahlung erst wieder Sex von ihnen haben wollte, weigerten die beiden sich, woraufhin Balderis wütend wurde, sie beschimpfte und bedrohte, dann aber aufgrund seiner erheblichen Alkoholisierung auf dem Bett einschlief. In dieser für die beiden jungen Männer schwierigen, aber nicht ausweglosen Situation kam Sascha auf die Idee, Rainas Balderis zu töten, um sich für die von ihnen so empfundenen Erniedrigungen zu rächen und alle Probleme auf einmal zu lösen; Valdas ging auf diesen von Sascha geäußerten Gedanken sogleich ein und beide überlegten, auf welche Weise sie ihr Vorhaben am besten in die Tat umsetzen könnten. Sie entschlossen sich, ihren Chef mit einem Kissen zu ersticken. Am frühen Morgen des 2. November 2011 gegen 3 Uhr begannen sie, ihr schlafend auf dem Rücken liegendes Opfer an Händen und Füßen mit einer für sexuelle Fesselspiele am Bett befindlichen Kordel zu fesseln; als der angetrunkene Balderis erwachte und sich verwundert zeigte, wiegten die beiden jungen Männer ihn in Sicherheit, indem sie ihm mit den Worten „wir wollen nur spielen" in Verschleierung ihrer Tötungsabsicht vortäuschten, sie hätten nunmehr mit ihm sexuelle Spielchen vor. Sie umwickelten nun auch die Beine des sich zunächst nicht wehrenden Opfers vollständig mit Klebeband, anschließend auch dessen Arme von den Schultern bis zu den Unterarmen, so dass ihr Opfer wie ein hilf- und wehrloses Paket vor ihnen lag. Zuletzt verklebten sie ihm auch noch den Mund. Sie warfen schließlich eine Bettdecke über ihr Opfer, Valdas setzte sich auf dessen Oberschenkel und Sascha drückte Balderis über einen Zeitraum von etwa zehn Minuten ein Kissen fest ins Gesicht, bis das zunächst noch zuckende und sich windende Opfer bewegungslos dalag und sich nicht mehr rührte. Wie von den Angeklagten beabsichtigt, war ihr Opfer infolge Erstickens verstorben. Wahrscheinlich schon vor der Tötungshandlung, spätestens aber jetzt fassten die beiden Täter den Entschluss, den Tod ihres Opfers auszunutzen und aus der Wohnung die zahlreich vorhandenen technischen Geräte und auch Bargeld, auf das sie meinten, ein Recht zu haben, mitzunehmen. Sie blieben noch etwa drei Stunden in der Wohnung und packten neben mehreren Mobiltelefonen und drei Kameras auch noch ein Tablett, einen Flachbildschirm, einen Drucker und eine Spielkonsole neben ihren Habseligkeiten in ihre Rollkoffer; an Bargeld fanden sie nur insgesamt 80,- €, die sie teilten und sodann einsteckten. Am frühen Morgen gegen 7 Uhr verließen sie die Wohnung des Balderis, fuhren mit einem Taxi zum Zentralomnibusbahnhof und von dort mit dem Bus nach Vilnius in Litauen, wo sie sich trennten. Während Sascha in Vilnius blieb, flog Valdas, der über SMS und das Internet weiterhin Kontakt zu dem „Kunden mit der Brille" hielt, am 13. November 2011 in Erfüllung seines Traumes nach New York.

Die Leiche von Rainas Balderis war bereits am 9. November 2011 gefunden worden, nachdem ein Bekannter ihn über mehrere Tage nicht hatte erreichen können und die Polizei alarmiert hatte. Der Leichnam sah nach über einer Woche in der überheizten Wohnung, zudem unter den Bettdecken, ziemlich unappetitlich aus, was ich gegenüber dem Gerichtsmediziner, als wir die vom Leichnam gefertigten Lichtbilder in der Hauptverhandlung in Augenschein nahmen, kurz äußerte; dieser äußerte nur trocken: „Seien sie froh, dass Lichtbilder nicht riechen!".

Die Kripo kam den Tätern schnell auf die Spur; über den Bekannten des Opfers, der auch die Polizei alarmiert hatte, wurden die Personalien der beiden jungen Männer bekannt. Es konnte auch die Kundenkartei des Escort-Service gesichert werden und einige der Kunden wurden als Zeugen vernommen, so auch der „Mann mit der Brille". Es stellte sich heraus, dass es sich bei ihm um einen 41-jährigen bei einem öffentlichen Fernsehsender tätigen Moderator namens Werner Grunow handelte, der freilich in der Öffentlichkeit bisher wenig bekannt war; ich habe ihn weder vor noch nach diesem Verfahren jemals im Fernsehen gesehen. Jedenfalls erklärte er sich bereit, der Polizei bei der Vollstreckung der inzwischen

gegen die beiden jungen Männer erwirkten Haftbefehle zu
helfen, indem er Valdas, mit dem er weiterhin in regelmäßigem
Mail-Kontakt stand, überredete, nach Berlin zurückzukehren,
und ihm ein Flugticket New York-Berlin übermittelte, so dass
Valdas schließlich am 1. Dezember 2011 am Flughafen Tegel in
Berlin verhaftet wurde. Sascha wurde aufgrund eines Europä-
ischen Haftbefehls am 21. Dezember 2011 in Vilnius verhaftet
und am 15. Februar 2012 nach Deutschland ausgeliefert.

Weil die Anklageschrift der Staatsanwaltschaft zunächst in
die litauische Sprache übersetzt werden musste und die beiden
Angeklagten, wie es in Mordverfahren üblich ist, jeweils von
einem Psychiater untersucht und begutachtet werden mussten,
was einige Zeit in Anspruch nimmt, konnte die Hauptverhandlung erst Anfang August 2012 beginnen. Über diese „Pro-
zessverschleppung" war Werner Grunow, der zwar zunächst
für die Festnahme seines „Schützlings" gesorgt hatte, sich aber
nunmehr mächtig für ihn ins Zeug legte, empört. Freilich
sind seine vielen Beschwerdebriefe, die er an den Bundespräsi-
denten, den Regierenden Bürgermeister von Berlin, den Berliner Justizsenator, den Vorsitzenden des Petitionsausschusses des
Abgeordnetenhauses und an mehrere Bundestagsabgeordnete
richtete, allesamt wirkungslos verpufft, zumal sie auch leicht
querulatorische Züge trugen und die Adressaten ohnehin keine
Einflussmöglichkeiten auf das Verfahren hatten.

Zu der von mir auf fünf Verhandlungstage angesetzten Hauptverhandlung hatte ich für den dritten Tag auch Werner Grunow als Zeugen geladen, weil wir ja auch die persönlichen
Verhältnisse der Angeklagten beleuchten müssen und es mir
dafür hilfreich erschien, diesen Zeugen zu hören. Eine Woche
vor Verhandlungsbeginn bekam ich einen geharnischten Brief
des Zeugen, er habe gehört, dass er vor seiner Vernehmung
nicht am Prozess als Zuhörer teilnehmen dürfe, das sei uner-

hört, er werde von der ersten Minute an anwesend sein. Ich antwortete ihm kurz schriftlich, dass ich dies zu verhindern wüsste. Er hat sich dann schließlich doch der Macht des Gesetzes gebeugt und ist erst nach seiner Vernehmung als Zuhörer im Saal geblieben.

Der Prozess verlief dann recht unkompliziert; beide Angeklagte waren voll geständig, meinten allerdings, sie hätten in ihrer Situation keine andere Wahl gehabt. Vor der Vernehmung des Werner Grunow am dritten Tage war bekannt geworden, dass er sich in der Zwischenzeit mit dem 22 Jahre jüngeren Valdas verlobt hatte, aus meiner Sicht möglicherweise eine einseitige Verlobungserklärung, denn Valdas reagierte während des gesamten Prozesses äußerst reserviert, wenn er auf Werner Grunow angesprochen wurde. In der Jugendhaftanstalt, in der man auch die Berliner Lokalpresse liest, die über die Verlobung auf der ersten Seite berichtet hatte, soll diese Nachricht jedenfalls zur Belustigung der Insassen beigetragen haben, wie man mir berichtete. In der Zeugenvernehmung - Werner Grunow war trotz des ihm als Verlobtem zustehenden Zeugnisverweigerungsrechtes sehr daran interessiert auszusagen - lobte er wiederum die vielen guten Eigenschaften von Valdas, nur dessen Vorliebe für Lady Gaga könne er nicht nachvollziehen; auf meine Anmerkung, das könne am Altersunterschied liegen, war er ausnahmsweise einmal kurz sprachlos.

Am 20. August 2012 haben wir die beiden jungen Männer des Mordes schuldig gesprochen; Valdas wurde zu einer Jugendstrafe von sieben Jahren und sechs Monaten, Sascha zu einer solchen von acht Jahren verurteilt. Werner Grunow erklärte sogleich gegenüber der Presse „Das Urteil ist viel zu hoch, wir gehen in Revision." Das taten die beiden Angeklagten über ihre Verteidiger tatsächlich, hatten aber mit dem Rechtsmittel keinen Erfolg.

Valdas hat sich in der Jugendstrafanstalt so gut geführt, dass er schon nach etwa fünf Jahren vorzeitig zur Bewährung entlassen worden ist; über das weitere Schicksal der „Verlobung" ist mir nichts bekannt.

XIX

Balu und das Baby

Donnerwetter, ein blaublütiger Angeklagter, sogar ein Graf, und geboren in Südamerika! So was haben wir ja sonst nie in Moabit! Was war des Rätsels Lösung ? Ein Adoptivkind, mal wieder!

Graf und Gräfin zu Sigmarshaus, kinderlos verheiratete Akademiker und beide in pädagogischen Berufen tätig, hatten das stämmige schwarzhaarige Baby, als dieses vier Monate alt war, adoptiert und auf den Namen Cuno Wilhelm Alexander Graf zu Sigmarshaus getauft. Cuno wuchs in finanziell gesicherten Verhältnissen auf, bekam Klavierunterricht, wurde Mitglied in einem vornehmen Tennisclub und in anderen Sportvereinen. Seine Adoptiveltern hatten ihren Sohn schon ziemlich früh über seine Herkunft aufgeklärt, womit dieser zunächst auch gut umgehen konnte. Natürlich sollte Klein-Cuno das Gymnasium besuchen, sein Abitur machen und dann studieren, aber das klappte nicht so recht. Nach zunächst noch unauffälliger Grundschulzeit wurde bei dem Jungen, als er in der 7. Klasse eines Gymnasiums immer wieder insbesondere durch extrem unruhiges Verhalten auffällig wurde, eine ADHS-Störung diagnostiziert, die mit Retalin behandelt wurde, was aber nicht wirklich half. Cunos Leistungen gingen trotz intensiver Nachhilfestunden rapide nach unten, dadurch frustriert schwänzte er zunehmend die Schule, konsumierte Drogen, trank Alkohol, haute mehrfach von zu Hause ab, wechselte auf Betreiben der Eltern zu Beginn der 9. Klasse auf eine andere Schule, ohne dass sich etwas besserte. Nach einem erneuten Schulwechsel und dem mit Ach und Krach erreichten Mittleren Schulabschluss brach Cuno zu Sigmarshaus eigenmächtig und sehr

146

zum Ärger seiner Eltern die Schule ab. In der Folgezeit lebte er, finanziert von seinen vielleicht zu nachsichtigen Eltern, im Wesentlichen in den Tag hinein. Da er ziemlich groß und von sehr kräftiger Gestalt war - wenn er mal einen Mitschüler geschubst hatte, was öfter vorkam, fiel der in der Regel gleich hin; seine eigene Mutter meinte, sein Griff sei wie ein „Schraubstock" - und daher von seinen Mitschülern den Spitznamen „Balu" bekommen hatte, arbeitete er von Zeit zu Zeit auch als Türsteher auf privaten Partys. Bei diesem Lebenswandel verwundert es nicht, dass der junge Mann auch mit dem Strafgesetz in Konflikt kam - seine Eltern konnten nicht alles für ihn ausbügeln. Nachdem zwei Verfahren eingestellt worden waren, ist Cuno am 19. September 2011 wegen einer am 21. Januar 2010 in einer Wohnung begangenen gefährlichen Körperverletzung - gemeinsames Zusammenschlagen des Wohnungsinhabers - und wegen eines am 22. Juli 2010 in der Danziger Straße begangenen Straßenraubes zu einem Dauerarrest von vier Wochen verurteilt worden. Warum es bis zu dem Urteil so lange gedauert hat, hat sich mir nicht erschlossen.

In der Zeit bis zum Frühjahr 2012 hatte Cuno zu Sigmarshaus einige sexuelle Beziehungen zu jungen Mädchen gehabt, aber noch keine dauerhafte Freundschaft geführt. Im Mai 2011, der Angeklagte war 16 Jahre alt, war es zu einem „One-Night-Stand" mit Fatima, einem knapp 17-jährigen Mädchen gekommen, die daraus schwanger wurde. Fatimas Vater, ein Araber, war empört und verstieß seine Tochter als „Schlampe", währen die vom Vater getrennt lebende deutsche Mutter zu ihrer Tochter hielt und diese in vielfacher Hinsicht unterstützte. Cuno zu Sigmarshaus wusste nichts von dieser Schwangerschaft und hatte demzufolge auch keine Ahnung, dass er im Februar 2012 Vater einer gesunden Tochter geworden war, die den Namen Chantal erhalten hatte. Weil Fatimas

Mutter selbst unter beengten Verhältnissen mit drei weiteren Kindern in einer Gartenlaube hauste, wo für die Tochter und später dann auch ein Baby nicht genügend Platz war, kam die werdende Mutter bereits im Oktober 2011 in einer kleinen Wohnung im Haus einer gemeinnützigen Einrichtung unter, die sich um junge alleinerziehende Mütter kümmert; in diesen Ein-Zimmer-Wohnungen erfolgte eine Betreuung der jungen Mütter durch Sozialarbeiterinnen abhängig vom Bedarf im jeweiligen Einzelfall, in den ersten Wochen nach der Geburt in der Regel täglich, später zwei oder drei Mal pro Woche, entweder in der Wohnung der jungen Mutter oder im Büro der Einrichtung. Obwohl die Babypflege für Fatima ungewohnt und anstrengend war, kam sie doch mit der Hilfe ihrer Mutter, einer Hebamme und der Sozialarbeiterinnen der Einrichtung mit der Situation einigermaßen klar und war sogar bereit, im Interesse ihres Babys vorübergehend das Rauchen einzuschränken.

Anfang Mai 2012 traf Fatima bei einem Ausflug ihrer Einrichtung zufällig Cuno zu Sigmarshaus und teilte dem total überraschten jungen Mann mit, er sei Vater einer Tochter geworden. Der junge Mann musste diesen „Schock" erst mal verdauen, erzählte nach einer Woche seinen Eltern davon und begann in der Folgezeit langsam, sich durch Besuche seiner kleinen Tochter und der jungen Mutter anzunähern; er lernte auch die Mutter von Fatima und deren Betreuerin kennen, beide zeigten ihm, wie man mit einem Baby umzugehen habe, wie man es hält, wie man es wickelt und dass insbesondere der Kopf eines so kleinen Wesens sehr empfindlich sei und man das Baby nicht hochreißen oder mit ihm rumhüpfen dürfe. In den nächsten Tagen und Wochen schien es so, dass der junge Vater bei seinen häufiger werdenden Besuchen sorgsam mit seiner Tochter umging. Er stellte sich seiner Verantwortung auch insoweit, als er mit Zustimmung seiner Adoptiveltern eine schriftliche Vaterschaftsanerkennungserklärung abgab; eines DNA-Tests bedurfte es insoweit wahrhaftig nicht, denn die kleine Chantal war mit ihren dunklen Haaren und den langen schwarzen Wimpern ihrem Vater wie aus dem Gesicht geschnitten.

Von Zeit zu Zeit war Cuno auch einige Stunden alleine für Chantal zuständig, da Fatima einen Kellnerinnen-Job in einer Gaststätte hatte und deren Mutter nicht immer Zeit für die Betreuung ihrer Enkelin hatte. In den Wochen, in denen der junge Vater mitunter alleine mit Chantal war, waren bei dem Baby einige Verletzungen zu verzeichnen, so blaue Flecken im Gesicht und am Bauch, Kratzer am Hals und auch eine Beule am Kopf. Weder Fatima noch Cuno, zwischen denen im Laufe der Zeit so etwas ähnliches wie eine Liebesbeziehung entstanden war, vermochten dafür gegenüber den nachfragenden Betreuerinnen plausible Erklärungen abzugeben, sondern kamen mit wenig überzeugenden Ausreden an. Unterschwellig schwebte der Verdacht im Raum, dass der grobmotorische Kindesvater für die Verletzungen verantwortlich sei, aber so richtig ausgesprochen hat das niemand. In diversen Besprechungen und Konferenzen zwischen den Betreuerinnen der Einrichtung, den jungen Eltern, Mitarbeiterinnen des Jugendamtes, der Mutter von Fatima und dem Vater von Cuno wurde viel geredet, ohne dass eindeutige und präzise Anordnungen dahingehend, wie eine angemessene Versorgung von Chantal zukünftig gewährleistet sein und wer für die Betreuung des Babys zuständig und verantwortlich sein solle, getroffen wurden; lediglich eine noch engmaschigere Überwachung wurde vereinbart.

Am frühen Nachmittag des 5. September 2012 - Chantal war knapp sieben Monate alt - suchte eine der Mitarbeiterinnen der Einrichtung Fatima in ihrer Wohnung auf. Chantal lag vergnügt auf einer Decke und spielte vor sich hin. Cuno zu Sigmarshaus, der sich für den Abend mit einem Kumpel verab-

redet hatte, war auch anwesend. Am Nachmittag wollte Fatima
zu ihrer Arbeitsstelle aufbrechen, um dort für einige Stunden zu
arbeiten. Sie hatte ihre Mutter am Vormittag gefragt, ob diese
auf das Baby aufpassen könnte; die Mutter war aber mit einem
Bekannten zum Essen verabredet und sagte ihrer Tochter daher
ab. Deswegen bat Fatima nun Cuno, auf seine Tochter aufzu-
passen. Der war im Hinblick auf seine abendliche Verabredung
alles andere als begeistert, stimmte aber gleichwohl mürrisch
zu, seine Tochter zu beaufsichtigen. Fatima hatte zwar einerseits gewisse Bedenken und fürchtete, ihre Tochter könne wieder blaue Flecken oder eine Beule davon tragen, glaubte aber
andererseits, dass die vielen Besprechungen und Ermahnungen
Cuno doch zu einem umsichtigen Verhalten seiner Tochter
gegenüber bringen würden; daher trat sie einigermaßen un-
besorgt den Weg zu ihrer Arbeitsstätte an. Als Cuno wenig
später entdeckte, dass für ihn nicht einmal etwas zu essen in
der Wohnung war, war er zusätzlich sauer, was er Fatima per
SMS auch sogleich mitteilte; zudem fühlte er sich unsicher in
der Situation alleine mit seiner Tochter. Dieses Gefühl steigerte
sich noch, als Chantal anfing zu quengeln. Seine Versuche,
sie durch Wickeln, Spielen, Fläschchen geben zu beruhigen,
schlugen fehl, nach ganz kurzen Phasen der Ruhe fing das Baby
immer wieder an zu schreien. Cuno hatte das (völlig abwegige)
Gefühl, seine Tochter würde ihn nicht als Vater anerkennen.
Als sie plötzlich auf seinem Arm mit dem Oberkörper vor und
zurück wippte und ihm dabei fast aus dem Arm gefallen wäre,
meinte er, seine Tochter wolle ihn ärgern und schrie sie an. Um
sie zur Raison zu bringen, schüttelte er sie etwas. Chantal schrie
daraufhin laut und pausenlos. Cuno überkam ein Gefühl der
Hilflosigkeit und der Angst, man könne das Geschrei seiner
Tochter hören und es gäbe wieder Schwierigkeiten, und dann
plötzlich ein heftiges Gefühl des Zornes. Er wollte, dass seine
Tochter endlich aufhört zu schreien; zu diesem Zweck schüt-

telte er sie in seiner Wut, sie an den Oberarmen haltend, über einen Zeitraum von rund fünf Sekunden mit aller Heftigkeit hin und her, so dass das Köpfchen des Babys in dieser kurzen Zeit etwa dreißig Mal hin und her schleuderte, was zu einem besonders schweren Schädel-Hirn-Trauma mit Einblutungen in beide Gehirnhälften führte. Innerhalb dieser Schüttelorgie schlug der wütende Vater den Kopf des Kindes auch mit großer Wucht auf die Tischkante, wodurch der noch weiche Schädelknochen am Hinterkopf zerbarst. Innerhalb weniger Augenblicke kollabierte Chantal, es setzten Krämpfe und unmittelbar anschließend eine Bewusstlosigkeit ein. Als Cuno bewusst wurde, was er angerichtet hatte, rief er zunächst per Funktelefon einen anderen ihm flüchtig bekannten jungen Vater aus der Einrichtung und sodann die Feuerwehr an, die schnell vor Ort erschien. Während Reanimationsmaßnahmen durchgeführt wurden, chattete Cuno zunächst über Facebook mit einer Bekannten über eher belanglose Themen und rief später Fatima und deren Mutter an, mit Chantal würde etwas nicht stimmen, die Feuerwehr sei da. Wenig später wurde das Baby ins Krankenhaus gebracht, die jungen Eltern begaben sich ebenfalls dort hin. Cuno telefonierte von dort mit seinem Vater und bat ihn, ebenfalls ins Krankenhaus zu kommen und ihm jedenfalls Zigaretten mitzubringen, die benötige er dringend. Nachdem Chantal im Krankenhaus noch etwa 72 Stunden künstlich am Leben erhalten wurde, starb sie in den Abendstunden des 12. September 2012; sie ist keine sieben Monate alt geworden.

Einen Tag nach dem gewaltsamen Tod seiner Tochter sollte der Angeklagte festgenommen werden. Als die Polizei am Abend auf dem Anwesen seiner Eltern erschien, waren Fatima und Cuno, mehrere Freunde und auch Cunos Vater Graf zu Sigmarshaus anwesend. Jemand hatte Bier mitgebracht, Sekt stand auf dem Tisch, die Stimmung erschien den Beamten gut zu sein, alle machten - kaum glaublich - einen heiteren Eindruck.

Die Staatsanwaltschaft klagte Cuno zu Sigmarshaus wegen Totschlags und Fatima wegen Körperverletzung mit Todesfolge an. Die Verhandlung vor der Strafkammer 9 wurde im März und April 2013 durchgeführt. Cuno räumte das oben geschilderte Geschehen einschließlich des heftigen Schüttelns ein, bestritt aber das Schlagen des Köpfchens von Chantal auf die Tischkante. Das stand aber aufgrund der überzeugenden Ausführungen der jungen, kompetenten und selbstbewussten Gerichtsmedizinerin zweifelsfrei fest, wonach die Schädelverletzungen in ihrer Intensität denen vergleichbar seien, die bei einem Sturz des Kindes aus dem dritten Stockwerk eines Hauses und dem Aufprall auf eine harte Oberfläche entstünden. Die Schilderung der weiteren, durchaus an die Nieren gehenden Ausführungen der Gerichtsmedizinerin zu den Verletzungen und den Ursachen des Todes des Babys erspare ich mir hier.

Im Laufe der Verhandlung wurde deutlich, dass die junge Mutter, ohnehin schon zutiefst gestraft durch den gewaltsamen Tod ihres Babys, vielleicht zwar mit erneutem groben und ungeschickten Verhalten des Kindesvaters und daraus resultierenden Beulen oder Hämatomen beim Kind während ihrer arbeitsbedingten Abwesenheit rechnen musste, nicht aber mit dem dann tatsächlich erfolgten brutalen Verhalten. Deswegen regte ich nach einer Zwischenberatung mit den Kollegen und Schöffen gegenüber der Verteidigung und der Staatsanwaltschaft die Einstellung des Verfahrens gegen die junge Mutter ohne weitere Sanktionen an, was im Jugendrecht möglich ist und uns sachgerecht erschien. Der Verteidiger und Fatima waren damit einverstanden, nicht aber die noch relativ junge kinderlose Staatsanwältin, der - bedauerlich in einem derartigen Verfahren - jegliches Gespür für die Situation und die Gefühlslage von Fatima abging; sie beharrte auf einer Entscheidung durch Urteil und beantragte später dann auch die Verurteilung nicht nur von Cuno zu Sigmarshaus wegen Totschlags, sondern auch die von Fatima wegen Körperverletzung mit Todesfolge.

Durch Urteil vom 11. April 2013 sprachen wir Fatima von den ihr gemachten Vorwürfen frei; die Staatsanwältin äußerte noch im Gerichtssaal ihr Unverständnis über unsere Entscheidung, ihre Vorgesetzten waren einsichtiger und verhinderten das Einlegen eines Rechtsmittels. Cuno zu Sigmarshaus wurde wegen Totschlags zu einer Jugendstrafe von vier Jahren verurteilt; auf die von seinen Verteidigern eingelegte Revision bestätigte der Bundesgerichtshof unser Urteil.

Als wir Richter nach Urteilsverkündung und der mündlichen Urteilsbegründung den Gerichtssaal verließen, uns noch kurz im Beratungszimmer aufhielten und dann den Flur vor dem Saal 817 betraten, kam der Vater von Cuno zu Sigmarshaus auf mich zu, gab mir die Hand und bedankte sich bei mir für das faire Verfahren; so etwas widerfährt einem Richter selten, zumal vom Vater eines Angeklagten, der soeben zu einer mehrjährigen Haftstrafe verurteilt worden ist. Ich habe mich über diese Reaktion durchaus gefreut.

XX

Micky und seine Schwester

Oft habe ich darüber nachgedacht, warum dieses Verfahren ein dermaßen großes, weit über den Berliner Raum hinausgehendes Medienecho gefunden hat, warum es die Öffentlichkeit in einem so hohen Maße interessiert hat, wie ich dies sonst bei keinem der von mir geführten Verfahren und auch bei nur ganz wenigen anderen Verfahren erlebt habe, warum sich sogar die Politik - nach Medienberichten bis hin zur Bundeskanzlerin - schon im Vorfeld für den Prozess interessiert hat. An der Tat als solcher kann es nicht gelegen haben, denn sie unterschied sich - so schrecklich der sinn- und anlasslose gewaltsame Tod eines jungen Menschen auch ist - nicht in einem so hohen Maße von anderen Gewalttaten, für die sich außer den unmittelbar betroffenen Personen eigentlich niemand interessiert, dass dadurch das öffentliche Interesse erklärbar würde. Es kann auch nicht daran gelegen haben, dass die Tat auf einem Überwachungsvideo zu sehen gewesen wäre, was angesichts der Tatsache, dass bewegte Bilder sehr viel aussagekräftiger sind als gedruckte Berichte und die Emotionen viel stärker ansprechen, dazu hätte führen können, dass sich Otto Normalverbraucher, abends im Feinrippunterhemd mit einem Bier in der Hand vor dem Fernseher sitzend, mächtig hätte aufregen und sich vorsorglich schon mal über die bestimmt wieder viel zu schlaffe Strafjustiz hätte beschweren können, denn die Tat war auf keinem Video zu sehen.

Als Erklärung für das besondere öffentliche Interesse an diesem Verfahren ist für mich nur das ungewöhnliche Verhalten der Schwester des Opfers denkbar, die in einem Maße, das mir aus keinem anderen Kriminalfall bekannt ist, nach der

154

Tat an die Öffentlichkeit gegangen ist, einen gemeinnützigen Verein „We are Micky" gegründet hat, sich in vielen Talkshows geäußert hat, sehr häufig Interviews gegeben hat, den 21. Geburtstag ihres toten Bruders mit einer großen Party „gefeiert" und dazu auch den Berliner Innensenator eingeladen hat, für die Errichtung eines Mahnmals am Ort der Gewalttat Sorge getragen hat und noch viele weitere Aktivitäten im Zusammenhang mit dem sinnlosen gewaltsamen Tod ihres Bruders entfaltet hat. Ich möchte diese Betriebsamkeit nicht kritisieren, denn jeder Mensch hat selbstverständlich das Recht, auf die ihm ganz persönlich geeignet erscheinende Art und Weise um einen nahen Angehörigen zu trauern; ich möchte diese mir äußerst ungewöhnlich erscheinende Art der Trauer lediglich als möglichen Grund für das extreme Interesse der Allgemeinheit an diesem Strafverfahren anführen.

Was war eigentlich geschehen?

In der Nacht vom 13. zum 14. Oktober 2012 kam es auf einem belebten und bekannten Platz in der Berliner Innenstadt zu einer verhängnisvollen zufälligen Begegnung zwischen zwei Gruppen von jungen Männern, die für den 20-jährigen Micky tödlich endete. Beide Gruppen hatten in unterschiedlichen Lokalitäten gefeiert und dabei auch alkoholische Getränke zu sich genommen. Micky hatte mit Milo, dem Lebensgefährten seiner Schwester Caro, und weiteren Freunden, darunter auch zwei Vietnamesen namens Nguyen und Thao, den Geburtstag eines Freundes in einem Lokal gefeiert. Während Micky, Milo und Thao am frühen Morgen gegen 3 Uhr 30 nur mittelmäßig alkoholisiert waren, hatte Nguyen dermaßen den alkoholischen Getränken zugesprochen, dass er nahezu nicht mehr ansprechbar war, sich schon in dem Lokal übergeben musste und nicht mehr in der Lage war, selbständig zu gehen; mit anderen Worten, er war volltrunken. Seine drei Freunde entschlossen sich daher gegen 3 Uhr 45, Nguyen in ein Taxi zu verfrachten und ihn so nach Hause bringen zu lassen. Während Thao vorlief, um ein Taxi zu organisieren, nahm Milo den volltrunkenen Freund „huckepack" und trug ihn zunächst aus dem Lokal und dann hinter dem Thao her, wobei Micky den Nguyen stützte, damit er nicht vom Rücken des Milo fiele. Auf dem Weg, den die ungewöhnliche Gruppe nahm, kamen sie auch an einem weiteren Lokal vorbei, in dem eine andere Gruppe von jungen Männern - zu dieser Gruppe sogleich - an einer „Aftershowparty" teilgenommen hatte. In unmittelbarer Nähe dieses Lokals musste Milo den Nguyen kurz absetzen, weil dieser sich erneut übergeben musste. Das bekam die in dem Lokal befindliche andere Gruppe beiläufig mit. Milo nahm dann Nguyen wieder auf den Rücken und setzte seinen Weg, unterstützt von Micky, weiter in Richtung eines U-Bahnhofes fort. Nach einer Wegstrecke von etwa 50 m wurde ihm seine Last zu schwer und er bat Micky, ihm einen der vor einem dortigen Cafe stehenden Stühle bereit zu stellen, damit er auf diesem den Nguyen absetzen und sich selbst etwas erholen und wieder zu Kräften kommen könnte. Micky holte den Stuhl herbei und Milo machte Anstalten, den erkennbar volltrunkenen Nguyen dort abzusetzen …….

Die andere Gruppe von sechs jungen Männern nahm im Anschluss an den Besuch eines Konzertes eines türkischen Sängers in dem schon erwähnten Lokal an dessen „Aftershowparty" teil. Zu dieser Gruppe gehörten drei in Berlin geborene Cousins griechischer Nationalität und türkischer Abstammung im Alter von 18, 19 und 21 Jahren, ferner drei ebenfalls in Berlin geborene türkische Staatsangehörige, darunter der mit 24 Jahren älteste der Gruppe, Serkan E., der 21-jährige Oktay B. und der 19-jährige Kemal F., der im weiteren Verlauf des Geschehens eine entscheidende Rolle spielen sollte.

Kemal F. wuchs in Berlin mit einer älteren Schwester in recht geordneten Verhältnissen auf; animiert durch seinen Onkel, einen jedenfalls in Berlin in früheren Zeiten durchaus bekannten Sportler, begann er schon frühzeitig mit dem Boxsport, den er intensiv und auch recht erfolgreich betrieb. Seine Trainer bemühten sich auch darum, ihm - wie allen jungen Boxern - nicht nur Technik und Taktik des Boxens, sondern auch moralische Maßstäbe an die Hand zu geben wie den Grundsatz, das im Boxsport Erlernte ausnahmslos nur im Ring und nie auf der Straße anzuwenden. Durch das intensive Boxen vernachlässigte Kemal etwas die Schule, so dass er trotz durchaus vorhandener Intelligenz lediglich den erweiterten Hauptschulabschluss erreichte. Da die von ihm angestrebte Karriere als Profiboxer an einer hartnäckigen Kapselverletzung der rechten Hand scheiterte, begann er Ende 2010 eine Berufsausbildung bei der Bundeswehr, die er aber bald wieder abbrach. Nach einigen Minijobs, zuletzt im Winter 2011 bei der Berliner Stadtreinigung, beantragte und bekam Kemal F. Anfang des Jahres 2012 einen Gewerbeschein, der es ihm ermöglichen sollte, später im Sicherheitsgewerbe arbeiten zu können, ein begehrtes Ziel vieler der jungen Männer, mit denen ich es im Laufe meiner Richterkarriere zu tun bekam.

Die Ermahnungen seiner Boxtrainer hat der junge Mann offensichtlich nicht wirklich ernst genommen, denn er wurde im Oktober 2010 erstmals wegen vorsätzlicher Körperverletzung zu 12 Stunden Freizeitarbeiten verurteilt, weil er in der Straßenbahn einer Frau, die sich über zu laute Musik beschwert hatte, eine Ohrfeige versetzt hatte. Im August 2011 wurde Kemal F. vom Amtsgericht wiederum wegen Körperverletzung verurteilt, diesmal zu 10 Stunden Freizeitarbeiten, weil er im Rahmen eines Streites zwischen seinem Vater und dessen Widersacher diesem einen Schlag versetzt hatte. Die dritte, in der Rechtsfolge schon etwas ernsthaftere Verurteilung wegen Körperverletzung erfolgte im Juni 2012, nachdem Kemal als Teilnehmer im Straßenverkehr einem Radfahrer, über den er sich geärgert hatte, die geballte Faust mit voller Wucht ins Gesicht schlug, wodurch dieser schmerzhaft verletzt wurde. Der unbeherrschte junge Mann erhielt für diese Tat zwei Wochen Arrest, die er vom 23. August bis zum 6. September 2012 in der Berliner Jugendarrestanstalt verbüßte.

Die übrigen fünf jungen Männer unterschieden sich von den üblicherweise vor unserer Kammer angeklagten Personen dadurch, dass auch sie alle aus relativ geordneten Verhältnissen stammten und entweder gar nicht oder nur unwesentlich vorbelastet waren; lediglich der 21-jährige Oktay B. wies eine, allerdings schon fünf Jahre zurückliegende, Verurteilung wegen Raubes und Körperverletzung auf.

Die sechs jungen Männer befanden sich, wie schon erwähnt, auf einer „Aftershowparty". Alle hatten im Laufe des Abends und der Nacht alkoholische Getränke zu sich genommen und waren etwas angetrunken. Die Stimmung war nicht besonders gut und etwas auf Krawall gebürstet, zumal sich in Bezug auf Mädchen entgegen den Erwartungen der Gruppe an dem Abend nichts ergeben hatte. Gegen 3 Uhr 45 hatten sie die ihnen etwas merkwürdig erscheinende Gruppe um Micky und Milo gesehen und erkannt, dass die „huckepack" getragene Person, die sich in der Nähe des von ihnen besuchten Lokals übergeben musste, sinnlos betrunken war. Eher zufällig verließen die sechs jungen Männer nahezu gleichzeitig das Lokal und folgten zunächst noch absichtslos der Gruppe um Micky. Und nun tat Kemal F., der erst fünf Wochen zuvor einen 14-tägigen Arrest wegen des brutalen Zusammenschlagens eines Radfahrers verbüßt hatte, etwas, was ich zehn Monate später in der mündlichen Begründung unseres Urteils als eine „Mischung aus Dummheit, Arroganz, Unverschämtheit und Aggressivität" bezeichnet habe. Als Milo gerade im Begriff war, den betrunkenen Nguyen auf dem von Micky bereit gestellten Stuhl abzusetzen, trat der nur wenige Schritte entfernte Kemal schnell hinzu und zog diesen Stuhl weg, so dass Milo und Nguyen zu Fall kamen; er und die anderen aus der Gruppe, die von Kemals Aktion überrascht waren, fanden das offensichtlich witzig und lachten. Überhaupt nicht witzig fand das Micky, der auf Kemal F. zutrat und ihm mit den Worten „was soll denn das, siehst du nicht, dass der Junge total betrunken ist?" an die Schulter tippte. Diese leichte Berührung wiederum nahm nun Kemal zum Anlass, dem Micky einen wuchtigen Faustschlag ins Gesicht zu versetzen, durch den das Opfer sofort benommen war. Die fünf Kumpel, die von dem Wegziehen des Stuhles und auch dem ersten Schlag seitens des Kemal noch überrascht waren, fassten diese Aggression ihres Begleiters sofort und völlig bedenkenlos als Signal auf, nun ebenfalls gegenüber Micky gewalttätig zu werden, und zwar mit Faustschlägen und Fußtritten gegen das zunächst noch stehende Opfer. Nachdem Micky aufgrund der Gewalteinwirkung zu Boden fiel und mit dem Kopf ungebremst auf den Asphalt knallte, tobten sich einige der Gruppenmitglieder weiter mit Fußtritten gegen Körper und Kopf des hilf- und wehrlos dort am Boden liegenden jungen Mannes aus. Wer im Einzelnen was gemacht hat, konnte nicht festgestellt werden. Milo hatte sich schnell wieder aufgerappelt, wollte seinem zu diesem Zeitpunkt noch stehenden Freund zu Hilfe kommen und wandte sich gegen Kemal, den er als Auslöser des Geschehens und den, der den ersten Schlag gegen Micky gesetzt hatte, erkannt hatte, und versetzte ihm einen Schlag. Dies nun nahm Kemal zum Anlass, den Milo mit einer Serie heftigster Faustschläge gegen

Kopf und Körper einzudecken, wodurch dieser zu Boden ging und dort noch weiteren Attacken in Form von Faustschlägen und Fußtritten von Kemal und anderen Gruppenmitgliedern ausgesetzt war.

Als Passanten, die aus größerer Entfernung auf diese Gewaltorgie aufmerksam geworden waren, laut riefen „hey, lasst das!", hörten die sechs jungen Männer tatsächlich mit ihren Gewalttätigkeiten auf und zogen ohne Hast von dannen, die beiden am Boden liegenden Opfer achtlos zurücklassend. Einer aus der Gruppe meinte im Weggehen noch „uns fickt keiner!", was in dem in diesen Kreisen üblichen Jargon bedeutet „uns kann keiner was anhaben!". Nachdem die Gruppe dann mit der U-Bahn in Richtung ihrer jeweiligen Wohnungen abfuhr, bekam Kemal, der sich über Schmerzen in seiner rechten Schlaghand beklagte, Lob von seinen Begleitern mit den Worten „krass, hast du gut gemacht".

Milo hatte durch die Schläge und Tritte neben diversen Prellungen einen Jochbeinbruch, einen Augenhöhlenbruch und einen Handwurzelbruch erlitten. Micky, der schon während und auch nach der Tat bewegungslos am Boden lag, wurde von den schnell vor Ort eintreffenden Rettungskräften versorgt und ins Krankenhaus gebracht. Aufgrund der erlittenen schwersten Hirnverletzungen und der dadurch ausgelösten Schwellung des Gehirns verstarb er in den Morgenstunden des 15. Oktober 2012, ohne vorher das Bewusstsein wiedererlangt zu haben.

Die Berliner Presse berichtete in den nächsten Tagen ausführlich über das Geschehen. Die Polizei ermittelte von Anfang an mit Hochdruck und es gelang ihr auch binnen weniger Tage, mehrere Tatverdächtige namentlich zu ermitteln. Unter dem Druck dieser Ermittlungen stellte sich der 21-jährige Oktay B. am 23. Oktober 2012 als erster der sechs Täter der Polizei. Noch an demselben Tag wurde einer der drei griechischen

Cousins festgenommen, der zweite stellte sich einen Tag später bei der Polizei, der dritte Cousin brauchte einen Monat „Bedenkzeit", bis er sich schließlich am 22. November 2012 ebenfalls der Polizei stellte. Drei dieser vier jungen Männer kamen in Untersuchungshaft, bzgl. des vierten Tatverdächtigen lehnte der Haftrichter den Erlass eines Haftbefehls ab. Serkan E., der älteste aus der Gruppe der Täter, und Kemal F., der selbst um seine tragende Rolle bei dem Geschehen wusste, zogen es vor, sich bereits am 18. Oktober 2012 in die Türkei abzusetzen. Gegen beide erging ein internationaler Haftbefehl, der freilich nicht viel nutzte, denn die Türkei liefert ihre eigenen Staatsangehörigen nicht in die Bundesrepublik Deutschland aus.

Bereits Ende des Jahres 2012 war klar, dass das Verfahren gegen jedenfalls die vier in Berlin verbliebenen Beschuldigten vor meiner Strafkammer 9 verhandelt werden würde, da wir im Dezember über eine - erfolglose - Haftbeschwerde eines der in Untersuchungshaft befindlichen jungen Männer zu entscheiden hatten, womit unsere Zuständigkeit für die spätere Hauptverhandlung besiegelt war. Wir warteten daher gespannt auf die Anklageschrift der Staatsanwaltschaft, die im Januar 2013 dann auch bei uns einging, aber natürlich nur gegen die vier Personen, derer die Justiz hatte habhaft werden können. Es gab, was nachvollziehbar ist, bei der Staatsanwaltschaft ein erhebliches Interesse, auch den beiden anderen Verdächtigen in Berlin den Prozess zu machen, und zwar möglichst in ein und demselben Verfahren mit den übrigen vier Angeschuldigten. In dieser Situation soll sich nach unbestätigten Presseberichten sogar die Bundeskanzlerin eingeschaltet haben, um die türkischen Behörden dazu zu veranlassen, ihrerseits gegen die beiden Geflüchteten mit strafrechtlichen Mitteln vorzugehen; wie auch immer, die türkische Justiz leitete jedenfalls gegen Kemal F. und Serkan E. ein Strafverfahren ein, meines Wissen jedoch ohne dass sich daraus für die beiden konkrete Folgen ergeben hätten. Ich glaube, dass es weder das angebliche Eingreifen der Bundeskanzlerin noch die eigentlich folgenlosen Aktivitäten der türkischen Justiz waren, sondern eher die Empfehlungen ihrer Verteidiger, die die beiden Geflüchteten dazu veranlassten, im Frühjahr 2013 freiwillig nach Berlin zurückzukehren; die Verteidiger wussten, dass ihre Mandanten vor der Strafkammer 9 ein faires Verfahren bekommen würden - man kennt sich in Moabit - und haben dies nach meiner allerdings auch nicht belegbaren Überzeugung ihren Schützlingen mitgeteilt.

Nach Eingang der 14 Bände Akten im Januar 2013 waren diese von mir sorgfältig durchzuarbeiten, es war ein Plan für den Ablauf der Hauptverhandlung zu erstellen, es war zu überlegen, welche Zeugen und Sachverständigen wann und in welcher Reihenfolge zu laden waren, ein Saal, der größenmäßig dem mit Sicherheit zu erwartenden Publikums- und Medienandrang gewachsen sein würde, war zu organisieren, ein Sitzplan (wer sitzt wo) war zu fertigen, eine Sicherheitsverfügung war zu konzipieren, damit im Saal mögliche Auseinandersetzungen zwischen Angehörigen der Opfer und der Angeklagten sicher auszuschließen wären, und angesichts des immensen Medieninteresses war sicherzustellen, dass für alle Journalisten von Presse, Rundfunk und Fernsehen Platz und adäquate Arbeitsbedingungen vorhanden zu sein hatten. Insbesondere dem letzten Punkt musste ich besondere Aufmerksamkeit widmen, nachdem nahezu zeitgleich das Bundesverfassungsgericht den Vorsitzenden des OLG München „zurückgepfiffen" hatte, weil es dessen Anordnungen bzgl. der Pressevertreter in dem anstehenden NSU-Prozess für nicht mit der Pressefreiheit in Einklang stehend bezeichnet hatte; so etwas wollte ich auf alle Fälle vermeiden.

Bei diesen vielfältigen und sehr zeitaufwändigen Tätigkeiten, die mit aller Sorgfalt zu erfolgen hatten, damit jedenfalls insoweit die Voraussetzungen für einen ordnungsgemäßen Ablauf des Verfahrens gegeben wären (Unwägbarkeiten gibt es in einem derartigen Verfahren noch mehr als genug, dazu später mehr), habe ich seitens der Leitung des Landgerichts und auch des Amtsgerichts, das in Moabit „Hausherr" ist, leider keine Unterstützung erfahren, vielmehr hat man mir aus meiner Sicht vermeidbare und überflüssige Schwierigkeiten gemacht. In der heißen Phase der Vorbereitung des Verfahrens - der eine in die Türkei geflüchtete Beschuldigte war gerade nach Berlin zurückgekehrt, für den zweiten war dies avisiert worden; die Staatsanwaltschaft musste daher „auf die Schnelle" zwei weitere Anklagen verfassen, diese mussten dann seitens des Gerichtes zugestellt werden, die Verfahren mussten eröffnet und verbunden werden, die jungen Männer und ihre Verteidiger mussten zum bereits am 13. Mai 2013 anstehenden Beginn der Hauptverhandlung und den weiteren Terminen geladen werden - bekam ich einen Vertretungseinsatz in einer anderen großen Strafkammer aufgedrückt; meine dagegen schriftlich und ziemlich verärgert vorgebrachte Beschwerde, durch die ich auch deutlich gemacht habe, dass ich mir im Vorfeld eines solchen ja auch für das Landgericht Berlin insgesamt bedeutsamen Verfahrens eine Unterstützung seitens der Leitung des Gerichtes und nicht zusätzliche Belastungen gewünscht hätte, wurde mit dem lapidaren Hinweis, die Vorbereitung einer Hauptverhandlung sei das normale Geschäft eines Vorsitzenden, abgebügelt. Das fand ich nicht so toll; die Fürsorgepflicht des Dienstherrn stelle ich mir anders vor!

Auch meine Suche nach einem geeigneten Gerichtssaal gestaltete sich schwierig; es kamen in Moabit überhaupt nur die beiden großen und altehrwürdigen Säle 500 und 700 in Betracht. Da einer der beiden in der fraglichen Zeit belegt war, sah ich mir den anderen Saal einige Wochen vor dem geplanten Prozessbeginn an und entschloss mich, die Empore, auf der etwa 25 Personen Platz finden könnten, zusätzlich neben einer größeren Anzahl von Plätzen im „Erdgeschoss" für die zu erwartende große Zahl der Journalisten zu reservieren. Das durchzusetzen war aber gar nicht so einfach; eines Tages suchten mich einige mir unbekannte Herren - es stellte sich dann heraus, dass es der Vizepräsident des Amtsgerichts und der Sicherheitsbeauftragte dieses Gerichtes waren - mit wichtiger Miene in meinem Dienstzimmer auf und teilten mir mit, die Empore sei wegen Feuergefahr und weil die Brüstung 5 cm zu niedrig sei, gesperrt. Meine Hinweise, dass die Journalisten dort weder ein Lagerfeuer entfachen noch sich in Suizidabsicht in die Tiefe stürzen würden, überzeugten die Herren nicht wirklich. Da ich aber jedenfalls während der Hauptverhandlungen das Hausrecht im Sitzungssaal habe, habe ich meine Absicht letztlich durchsetzen können, wobei ich als Kompromiss dazu bereit war, die erste Reihe der Empore wegen der zu niedrigen Brüstung freizuhalten.

Hilfe habe ich in dieser Zeit nur von dem damaligen Moabiter Pressesprecher bekommen, mit dem ich in sehr angenehmer und kollegialer Weise zusammenarbeiten und insbesondere die Frage klären konnte, wie der zu erwartenden Flut der Journalisten adäquat und in auch diese zufriedenstellender Weise begegnet werden könnte, eine Aufgabe, die wir gemeinsam gut lösen konnten.

Am 13. Mai 2013 war es dann soweit; allen Widrigkeiten zum Trotz waren die Vorbereitungen erfolgreich abgeschlossen, alle sechs Angeklagten, fünf davon in Untersuchungshaft, waren mit ihren Verteidigern anwesend, Fotografen und TV-Leute konnten ihre Aufnahmen machen, und dann ging es nach Aufruf der Sache vor vollbesetzten Zuschauerbänken los. Zunächst wies ich angesichts des Umstandes, dass in der Presse teilweise unsachliche Vorberichte erschienen waren und die Angeklagten bereits als „Mörder" abgestempelt worden waren, darauf hin, dass die Staatsanwaltschaft Anklage wegen Körperverletzung mit Todesfolge und nicht wegen Mordes erhoben habe und dass das Verfahren nicht in den Medien, sondern hier im Gerichtssaal geführt werde. Sodann gab es einen erfreulich sachlichen Beginn des Verfahrens, ohne die in größeren Prozessen oft zu verzeichnenden überflüssigen und in keiner Weise weiterführenden Scharmützel zwischen Verteidigung, Staatsanwaltschaft und Gericht. Die Anklage konnte zügig verlesen werden, es gab - wie inzwischen allgemein üblich - von den Verteidigern verlesene Einlassungen der Angeklagten, in denen sie ihre Anwesenheit am Tatort und ihr Bedauern über den Tod von Micky zum Ausdruck brachten, auch einige eher harmlose Aggressionshandlungen gegen Micky und Milo einräumten, keinesfalls aber Tritte gegen den Kopf von Micky, und damit eine strafrechtliche Verantwortlichkeit für dessen Tod abstritten. Kemal F. bestritt zudem, Micky geschlagen zu haben; er habe ausschließlich mit Milo eine tätliche Auseinandersetzung gehabt. Außer einigen neben der Sache liegenden Vorwürfen eines Verteidigers gegen den Anwalt der Schwester von Micky, die als Nebenklägerin auftrat, gab es zunächst keine besonderen Vorkommnisse. Milo als der wichtigste Zeuge berichtete über das Wegreißen des Stuhles und den wuchtigen ersten Faustschlag gegen den Kopf von Micky durch Kemal F. ; hinsichtlich der von ihm weiter geschilderten Gewalttätigkeiten sah er sich nicht in der Lage, diese den einzelnen Angeklagten zuzuordnen. Ungewöhnlich war zunächst nur, dass sich plötzlich ein türkischer Politiker mit der kritischen Anmerkung in deutschen Medien zu Wort meldete, es sei befremdlich, dass die Angeklagten im hiesigen Verfahren in Glaskästen säßen, während die Angeklagten im gleichzeitig begonnenen NSU-Verfahren neben ihren Verteidigern Platz nehmen dürften; der von mir oben schon erwähnte Pressesprecher wies in einem Leserbrief in einer seriösen Berliner Tageszeitung zutreffend darauf hin, dass die Angeklagten im hiesigen Verfahren lediglich am ersten Verhandlungstag hinter Glas gesessen hätten und ihnen ab dem zweiten Verhandlungstag, da sie sich vernünftig verhalten hätten, vom Vorsitzenden gestattet worden sei, vor ihren Verteidigern Platz zu nehmen.

Am vierten Verhandlungstag sollte der 19-jährige türkische Zeuge Firat O. gehört werden, der bei der Polizei in zwei Vernehmungen differenzierte Angaben zu dem von ihm aus geringer Entfernung beobachteten Geschehen gemacht und dabei von mehreren Fußtritten gegen den Kopf des später verstorbenen Opfers berichtet hatte. Zu meiner Überraschung und Verärgerung behauptete der Zeuge nun, sich an nichts mehr erinnern zu können; ich erinnerte ihn an seine Wahrheitspflicht und ermahnte ihn mit deutlichen Worten, dass ich Zweifel an seinem plötzlichen Gedächtnisverlust habe und von ihm erwarte, dass er nunmehr konkrete inhaltliche Angaben mache, auch machte ich ihm Vorhalte aus seinen polizeilichen Vernehmungen, aber leider alles ohne Erfolg. Meine Kollegin versuchte es nun auch noch einmal und wurde dabei noch deutlicher als ich; aber auch sie vermochte an dem angeblichen Gedächtnisverlust des Zeugen nichts zu ändern. Und jetzt nahm das Verhängnis seinen Lauf; einer der beiden am Verfahren beteiligten Schöffen, von Beruf Pädagoge in einer Jugendeinrichtung und als Schöffe durchaus erfahren, signalisierte mir, dass er auch noch eine Frage an den Zeugen habe, ein Recht, welches jedem Schöffen zusteht. Ich erteilte ihm das Wort, welches er wie folgt ergriff: „Ich habe eine ganz einfache Frage. Sind sie zu feige oder wollen sie uns verarschen?". Ich rügte diese Frage, die ja eigentlich eine überflüssige Unmutsäußerung war, und insbesondere auch die Wortwahl als eines ehrenamtlichen Richters unwürdig, aber das Kind war bereits in den Brunnen gefallen. Einer der Verteidiger beantragte umgehend eine Pause, ich wusste schon, was kommt, und so war es auch, der Schöffe wurde namens der Angeklagten wegen Besorgnis der Befangenheit abgelehnt, weil er mit seiner Äußerung gezeigt habe, dass er bereits von der Schuld der Angeklagten überzeugt sei. Ich habe die Entscheidung über diesen Antrag zunächst bis zum Beginn des übernächsten Verhandlungstages zurückgestellt und weiter das geplante Programm durchgezogen, nicht ohne zuvor den Schöffen ermahnt zu haben, künftig mit unbedachten Äußerungen zurückhaltend zu sein. Dieser Appell ist leider ungehört verhallt, denn es kam - bevor wir über das Ablehnungsgesuch entschieden hatten - noch schlimmer. Vor dem nächsten Verhandlungstag las ich morgens im S-Bahnhof an einem Zeitungskiosk in einer dort ausgehängten „BZ" die Schlagzeile „Hier spricht Berlins mutigster Schöffe"; mir schwante Böses und das bestätigte sich, nachdem ich in der S-Bahn meinen jungen Kammerkollegen getroffen hatte, der im Gegensatz zu mir über moderne Technik verfügte und den fraglichen Zeitungsartikel aufrufen konnte. Tatsächlich hatte ein Reporter den Schöffen aufgesucht und zu dem Verfahren und seiner Äußerung befragt, und dieser hatte sich trotz meines Appells geäußert und unten anderem gesagt „ die Verteidiger werden noch ein bisschen motzen, die wollen halt den Prozess kaputt machen." Mir war klar, dass damit der Prozess geplatzt war. Ich war stocksauer und wusste nicht, ob mehr über den geschwätzigen Schöffen oder das unverantwortliche Verhalten des Reporters, der es darauf angelegt hatte, in einem laufenden Verfahren einen abgelehnten Schöffen zum Reden zu bringen.

Eine halbe Stunde später betrat ich mit der „BZ" unter dem Arm den Gerichtssaal. Es gab unter allen Verfahrensbeteiligten eine aufgeregte Diskussion, der Staatsanwalt meinte noch, das in der „BZ"-Überschrift für den Schöffen gewählte Attribut

„mutigster" sei falsch und müsse durch ein anderes Attribut ersetzt werden, und am Ende dieser Diskussionen haben wir im Einvernehmen aller Beteiligten das Verfahren ausgesetzt.

Das hatte die „BZ" nun erreicht:

Wegen der durch die Aussetzung zwangsläufig eintretenden Verzögerung des Verfahrens mussten drei der inhaftierten fünf Angeklagten aus der Haft entlassen werden (insbesondere die „BZ"-Leser fanden das bestimmt besonders gelungen!). Das gesamte Verfahren musste noch einmal von vorne beginnen, die bisherige konstruktive Arbeit im Gerichtssaal war „für die Katz", die psychischen Belastungen für die Eltern, die Schwester und den zusammengeschlagenen Freund von Micky stiegen noch einmal enorm an und eine Menge zusätzlicher Steuergelder musste aufgewendet werden.

Ein toller Erfolg des freien Journalismus!

Am Montag, dem 3. Juni 2013, mussten wir das Verfahren aussetzen, und am Donnerstag, dem 6. Juni 2013, also vier Tage später, konnten wir es bereits wieder neu beginnen. Dafür war es erforderlich, dass alle sechs Angeklagten in Abstimmung mit ihren Verteidigern auf die Einhaltung der einwöchigen Ladungsfrist verzichteten; dass dies alle getan haben, ist ein Zeichen für die vernünftige und sachliche Atmosphäre, die bisher in der Verhandlung geherrscht hatte. Schwierig war es, innerhalb so kurzer Zeit vier neue Schöffen zu finden (aus Schaden wird auch ein Vorsitzender Richter klug; beim zweiten Anlauf wollte ich auch die Schöffenreservebank besetzt haben). Beim erneuten Prozessbeginn hatte ich mithilfe der sehr rührigen Schöffengeschäftsstelle tatsächlich vier Schöffen zur Verfügung. Die Reservebank war vernünftig besetzt, die am Verfahren nun unmittelbar mitwirkende Schöffin machte auch einen guten Eindruck. Anders war mein erster Eindruck von dem unmittelbar mitwirkenden männlichen Schöffen, zunächst fürchtete ich, wir wären mit ihm „vom Regen in die Traufe" gekommen; im Laufe des Verfahren stellte sich dann aber heraus, dass dieser Schöffe zwar extrem maulfaul war, seine Schöffenpflicht aber durchaus zuverlässig erfüllte.

Auch im zweiten Anlauf lief das Verfahren weitgehend sachlich. Nach zügiger Erledigung der Formalitäten wiederholten zunächst die Angeklagten in leicht modifizierter Form über ihre Verteidiger ihre bereits bekannten Einlassungen. Die erste Überraschung gab es, als dann der Hauptbelastungszeuge Milo erneut aussagte. Seine Angaben über den Beginn der Auseinandersetzung durch Kemal F. deckten sich mit seinen bisherigen Angaben; im Gegensatz zu seiner Aussage vor 14 Tagen ordnete er nun aber plötzlich einzelne der von ihm auch zuvor bereits geschilderten Gewalthandlungen ganz konkret einzelnen Angeklagten zu, wozu er zwei Wochen zuvor sich noch nicht in der Lage gesehen hatte. Wir nahmen das zunächst einmal zur Kenntnis und würden es zu gegebener Zeit zu würdigen haben. Der „vergessliche" Zeuge Firat O. kam diesmal vorsorglich mit Anwalt, konnte sich wieder an nichts erinnern, versicherte aber, seinerzeit bei der Polizei alles vollständig und zutreffend geschildert zu haben; damit begnügten wir uns.

Von entscheidender Bedeutung für den Ausgang des Verfahrens waren die Ausführungen der beiden medizinischen Sachverständigen. Sie berichteten von eindeutigen Anzeichen vierfacher stumpfer Gewalteinwirkung auf den Schädel des Opfers; diese Verletzungen seien für die Gehirnschwellung und damit den Tod von Micky ursächlich. Die Sachverständigen schlossen mit Sicherheit das Vorliegen einer medizinischen Anomalie wie etwa eines Aneurysma bei dem Opfer aus, dies trotz kritischer und nicht immer sachlicher Nachfragen der Verteidigung. Leider waren die Sachverständigen nicht in der Lage, die Schädelverletzungen konkreten Handlungen zuzuordnen.

Sie führten zudem übereinstimmend aus, dass die tödlichen Schädelverletzungen sowohl durch den wuchtigen Faustschlag, durch den ungebremsten Fall auf den Asphaltboden oder durch die Fußtritte gegen den Kopf, jeweils für sich oder auch im Zusammenwirken, herbeigeführt worden sein können; diesbezüglich könnten sie sich aus fachlicher Sicht nicht festlegen. Damit war es uns unmöglich geworden, konkret festzustellen, durch welche Gewalteinwirkung Micky zu Tode gekommen war. Nach dem Grundsatz „in dubio pro reo" mussten wir zugunsten von Kemal F. davon ausgehen, dass das Opfer möglicherweise nicht durch den von ihm gesetzten Faustschlag, sondern durch den Sturz auf den Asphalt oder die Tritte zu Tode gekommen war, zugunsten der anderen fünf Angeklagten hatten wir davon auszugehen, dass möglicherweise bereits der erste, nur Kemal F. zuzurechnende Faustschlag die tödliche Folge verursacht hatte. Welche Konsequenzen das hinsichtlich der rechtlichen Bewertung nach sich zog, dazu später mehr.

Über einige Kuriositäten (man möge mir diese Ausdrucksweise in einem so bedrückend ernsthaften Verfahren verzeihen) tatsächlicher Art gilt es auch noch zu berichten. An einem der insgesamt 12 Verhandlungstage des zweiten Durchganges fingen plötzlich die Zeiger der unterhalb der Empore und damit direkt in meinem Sichtfeld angebrachten großen Saaluhr an, sich unter lautem Brummen mit Höchstgeschwindigkeit zu drehen; eine Stunde war in zehn Sekunden abgelaufen. Dieser Anblick und die damit verbundenen Geräusche machten mich völlig verrückt, so konnte ich nicht verhandeln. Als ich die Saalwachtmeister bat, dies irgendwie zu unterbinden, bekam ich eine für deutsche Beamte typische Antwort „für so wat sind wa nich zuständig!". Diese Mitteilung half mir nicht wirklich weiter. Ich drohte jedenfalls jetzt damit, die Uhr mit einem Hammer (den ich mir allerdings erst hätte irgendwo besorgen müssen) zu zertrümmern, wenn nicht von welcher Seite auch immer Abhilfe geschaffen würde. Letztlich musste ich nicht zu dieser aus meiner Sicht von Notwehr gedeckten Straftat der Sachbeschädigung greifen, weil sich die Uhr irgendwann beruhigte und in den Normalmodus zurückschaltete.

Und als ob in diesem Verfahren nicht schon mehr als genügend außerplanmäßige Dinge geschehen wären, kamen eines Tages nach einer kurzen Verhandlungspause die Wachtmeister, die sich für die nunmehr abzugebende Mitteilung für zuständig erklärt hatten, zu mir und teilten mir mit, der weiterhin in Untersuchungshaft befindliche Angeklagte Serkan E. sitze zitternd und kreidebleich in der Vorführzelle und meinte, er sei nicht mehr verhandlungsfähig. In einem solchen Augenblick sehen alle erwartungsvoll den Vorsitzenden an. Na, was wird er jetzt wohl machen? Ich entschloss mich, Serkan E. in der Vorführzelle aufzusuchen, obwohl ich eigentlich dort nichts verloren habe, weil meine Machtkompetenz an der Tür des Sitzungssaales endet; aber manchmal muss man sich über solche Beschränkungen hinweg setzen. Der Angeklagte, immerhin der älteste der sechs jungen Männer, saß tatsächlich mit käseweißem Gesicht, zitternd und hyperventilierend in der alles andere als gemütlichen Vorführzelle und meinte, das ganz Verfahren würde ihn so schrecklich belasten und er könne nicht mehr. Ich führte ihm vor Augen, dass das Verfahren für alle Beteiligten belastend sei, ganz besonders für die Angehörigen des Toten, und dass wir da jetzt alle gemeinsam durchmüssten, er solle jetzt erstmal tief durchatmen, wir hätten ja im Saal einen Arzt, und der könne notfalls helfend eingreifen. Auf die Unterstützung durch seinen Verteidiger konnte ich in dieser Situation nicht bauen, da ausgerechnet an diesem Tag nur eine junge und mit dem Angeklagten wenig vertraute Anwältin als Vertreterin des verhinderten Verteidigers anwesend war. Wie auch immer, meine zuredenden Worte waren erfolgreich, der Angeklagte kam mit in den Verhandlungssaal, die inzwischen ebenfalls alarmierte Krankenschwester maß bei ihm Puls und Blutdruck, solche Führsorglichkeit beruhigt schon mal, und wir konnten den Verhandlungstag letztlich ohne weitere Probleme durchführen.

Am elften Verhandlungstag plädierten der Staatsanwalt und die Verteidiger und am 15. August 2013 verkündeten wir das Urteil.

Kemal F., der als einschlägig vorbelasteter Haupttäter mit seinem Faustschlag das Signal für alle weiteren Gewalttätigkeiten gesetzt hatte und dem daher auch das folgende Tun seiner Kumpane zuzurechnen war, wurde wegen Körperverletzung mit Todesfolge in Tateinheit mit gefährlicher Körperverletzung und mit Beteiligung an einer Schlägerei zu einer Jugendstrafe von vier Jahren und sechs Monaten verurteilt und blieb in Untersuchungshaft.

Den übrigen fünf Angeklagten war der erste und möglicherweise bereits den Tod von Micky verursachende Faustschlag des Kemal F. nicht zuzurechnen; sie konnten daher nicht wegen Körperverletzung mit Todesfolge verurteilt werden, sondern nur wegen gefährlicher Körperverletzung in Tateinheit mit Beteiligung an einer Schlägerei. Die drei erwachsenen Angeklagten erhielten jeweils eine Freiheitsstrafe von zwei Jahren und acht Monaten, die heranwachsenden Angeklagten wurden beide zu einer Jugendstrafe von zwei Jahren und drei Monaten verurteilt. Zum Abschluss der mündlichen Urteilsbegründung wandte ich mich noch direkt an die Mutter und die Schwester des getöteten Micky, die beide anwesend waren, und gab der Hoffnung Ausdruck, dass der Prozess möglicherweise ein wenig zur Aufarbeitung des Geschehens auch für sie beide als die nächsten Angehörigen habe beitragen können, wenngleich kein Verfahren der Welt ihnen den Sohn und Bruder wiedergeben könne.

Auch wenn das Urteil der Kammer in den Teilen der Öffentlichkeit, für die die sechs jungen Männer weiterhin „Mörder" waren, als (zu) milde angesehen wurde, wurde es doch überwiegend als sachgerecht und angemessen aufgenommen; auch der Bundesgerichtshof war mit unserem Urteil und dessen Begründung einverstanden und verwarf die Revisionen der Angeklagten.

Insgesamt glaube ich sagen zu können, dass meine Kollegen und ich dieses Verfahren mit Anstand über die Bühne gebracht haben.

XXI

Keine Lust

Im Vorwort dieses kleinen Büchleins hatte ich darauf hingewiesen, dass ich auch im dienstlichen Bereich mitunter saloppe
Formulierungen benutzt habe; insbesondere in einer Jugendkammer hielt ich es für wichtig, sich nicht zu geschwollen
auszudrücken, außerdem entsprechen lockere Sprüche meinem
Naturell und ich war auch als Richter nicht bereit, mich insoweit allzu sehr zu verbiegen. Ganz überwiegend haben auch
alle, die mit meinen Sprüchen konfrontiert waren, diese richtig
verstanden. In einem Fall aus dem Jahr 2014 war das aber
anders, vielleicht habe ich es da auch ein klein bisschen über-
trieben.

Abdul Ch., Spross eines der berühmt-berüchtigten arabischen
Großclans aus Neukölln, war in jungen Jahren recht aktiv, was
Straftaten betraf. Zuletzt hatte er im Mai 2011 eine Tankstelle
überfallen und hatte dafür im Januar 2012 vom Amtsgericht
eine Jugendstrafe von zwei Jahren mit Strafaussetzung zur Bewährung bekommen. In dem damaligen Verfahren hatte er bereits freimütig eingeräumt, einige Wochen vor der Tat vom Mai
2011 dieselbe Tankstelle bereits einmal überfallen zu haben.
Aus Gründen, die sich mir nicht erschlossen haben, brauchte
die Staatsanwaltschaft fast zwei Jahre, bis sie auch diese Straftat
zur Anklage brachte, die dann bei uns in der Strafkammer 9
landete. In der Zwischenzeit hatte sich Abdul einigermaßen
gefangen und war - mit einer Ausnahme - nicht mehr in das
Visier der Strafverfolgungsbehörden geraten, für einen jungen
Mann aus diesem Milieu schon ein beachtlicher Erfolg. Einen
weiteren Tatvorwurf gegen Abdul Ch. gab es aber doch noch;
im Frühjahr 2011 wurde die Polizei zur Wohnanschrift der

Familie Ch. gerufen, weil es dort seitens des Vaters angeblich einen Fall von häuslicher Gewalt gegenüber seiner Ehefrau, der Mutter von Abdul, gegeben habe. Die Polizei rückte mit elf Beamten an, schickte sich an, den renitenten Vater in der Wohnung vorläufig festzunehmen und trat dabei durchaus resolut auf. Eine an dem Einsatz beteiligte Polizeibeamtin ergriff in der Wohnung in Einsatzabsicht ihr Pfefferspray; bevor sie es noch zur Anwendung bringen konnte, entwand der ebenfalls anwesende Abdul, der über das nach seiner Einschätzung unangebrachte Vorgehen der Polizei empört war, der Beamtin die Spraydose und fing an, in dem engen Wohnungsflur wild damit herum zu sprühen. Die Folge davon war, dass nicht nur Abdul, sein Vater und seine Mutter, sondern auch alle elf Polizeibeamten tränende Augen hatten. Irgendwann beruhigte sich die Situation und alle beeinträchtigten Personen konnten sich die Augen auswaschen. Die Staatsanwaltschaft klagte dieses Geschehen, nachdem sie offensichtlich zuvor länger über die rechtliche Bewertung nachgedacht hatte, als gefährliche Körperverletzung in Tateinheit mit Widerstand an.

Im Februar 2014 stand nun vor unserer Strafkammer die Verhandlung sowohl wegen des zweiten Tankstellenüberfalls als auch wegen der Pfefferspraygeschichte an; ich hatte neben dem Angeklagten und seinem Verteidiger den überfallenen Tankstellenpächter und zwei der insgesamt elf Polizeibeamten als Zeugen geladen. Zu Beginn des Verfahrens wunderte ich mich, warum in einem solchen aus meiner Sicht null-acht-fünfzehn-Verfahren mehrere Gerichtsreporter auf den Journalistenbänken unseres Saales 817 saßen, machte mir aber keine weiteren Gedanken darüber. Der Angeklagte, inzwischen 23 Jahre alt und nach meiner Erinnerung sogar in einem Arbeitsverhältnis stehend, was für unsere Angeklagten durchaus ungewöhnlich ist, räumte den Überfall auf die Tankstelle ein und schilderte die Tat, die mittlerweile fast drei Jahre zurück lag, im einzelnen. Als ich ihn dann fragte, was er denn zu dem Pfefferspray-Vorwurf zu sagen hätte, meinte er, das könne er nicht einfach so einräumen, denn er sei der Meinung, die Polizisten hätten sich bei diesem Einsatz auch nicht korrekt verhalten. In dieser Situation wandte ich mich mit den folgenden Worten an die Staatsanwältin: „ich habe keine Lust, alle elf Polizisten als Zeugen zu hören!" Die Staatsanwältin verstand mich sofort und stellte unverzüglich den Antrag, das Verfahren hinsichtlich der Pfefferspray-Vorwürfe im Hinblick auf den vom Angeklagten eingeräumten Tankstellenüberfall einzustellen. Nach kurzer Beratung zwischen uns drei Berufsrichtern und den beiden Schöffen entsprach die Kammer dem Antrag der Staatsanwältin und stellte das Verfahren hinsichtlich der angeklagten gefährlichen Körperverletzung und des Widerstandes ein. Sodann setzten wir das Verfahren, was den Tankstellenüberfall betraf, fort, hörten den Geschädigten als Zeugen, erörterten mit dem Angeklagten seinen Lebenslauf einschließlich der Vorbelastungen und ich verkündete nach den Plädoyers, dem letzten Wort des Angeklagten und der Beratung das Urteil. Abdul Ch. wurde wegen schweren Raubes zu einer Jugendstrafe von zwei Jahren mit Strafaussetzung zur Bewährung verurteilt, wobei ich ihn darauf hinwies, dass er insofern Glück gehabt habe, als die Tat schon so lange zurückliege; wenn die beiden von ihm eingeräumten Überfälle auf die Tankstelle kurze Zeit nach den Taten in einem Verfahren verhandelt worden wären, wäre eine Bewährung sicherlich nicht drin gewesen. Da sowohl der Angeklagte als auch die Staatsanwaltschaft auf Rechtsmittel verzichteten, wurde unser Urteil sogleich rechtskräftig.

Am nächsten Tag konnte ich bei einem Blick in die Berliner Zeitungen erkennen, weshalb so viele Journalisten in unserem Verfahren zugehört hatten; sie hatten kein Interesse an dem Tankstellenüberfall, wohl aber an dem doch etwas außergewöhnlichen Geschehen mit den elf Polizeibeamten. Und da war meine flapsige Äußerung natürlich ein gefundenes Fressen für die Presse. „Richter hat keine Lust, elf Polizisten als Zeugen zu hören" und „Das müssen sie uns erklären, Herr Richter!" lauteten einige der Schlagzeilen. Dass Journalisten die Strafprozessordnung nicht so genau kennen, mag verzeihlich sein. Dass aber ein ehemaliger Kriminalhauptkommissar diese Pressemitteilungen zum Anlass nahm, gegen mich eine Strafanzeige wegen „Rechtsbeugung" zu erstatten und darin auszuführen es sei „inakzeptabel, wenn ein Richter aus purer Faulheit elf im Dienst verletzte Polizisten nicht laden will", verwundert doch etwas. Dieser ehemalige Polizeibeamte saß zum Zeitpunkt der Anzeigeerstattung im Brandenburgischen Landtag, und zwar als Abgeordneter einer Partei, die von mir trotz dreifacher Umbenennung immer noch als jedenfalls historisch mitverantwortlich für Mauer und Stacheldraht und für viele hundert Tote an der innerdeutschen Grenze und der Berliner Mauer angesehen wird. Als in seiner Ausbildung die Strafprozessordnung durchgenommen wurde, muss der Herr entweder geschwänzt oder nicht aufgepasst haben; denn sonst hätte er gewusst, dass eine Strafanzeige jedenfalls nicht bei der Präsidentin des Kammergerichtes, an die er sein Schreiben gerichtet hatte (im übrigen noch fälschlich unter der Fax-Nummer des Berliner Landesverfassungsgerichtshofes), zu erstatten ist, dass es hinsichtlich der Einstellung eines Verfahrensteiles nicht auf die „Lust" des Vorsitzenden ankommt, sondern dass dies nur bei einem entsprechenden Antrag der Staatsanwaltschaft durch Beschluss aller fünf Richter der Kammer möglich ist, und dass schließlich die Voraussetzungen des Tatbestandes der Rechtsbeugung auch nicht ansatzweise zu erkennen waren.

An dieser Stelle will ich darauf hinweisen, dass die tägliche Arbeit der Polizei jedenfalls in manchen Berliner Stadtteilen schwierig ist und dass die gehäuften Übergriffe auf Polizeibeamte, denen sie in Ausübung ihres Dienstes ausgesetzt sind, absolut inakzeptabel sind und angemessen geahndet werden müssen.

Im vorliegenden Fall konnten die Verantwortlichen der Polizei aber nach meiner Einschätzung letztlich froh sein, dass die Angelegenheit nicht in einer öffentlichen Hauptverhandlung erörtert worden ist; denn zum einen ist es ja eher peinlich, dass sich eine Polizeibeamtin bei einem Einsatz von einem zwanzigjährigen jungen Mann ihr Pfefferspray entwinden lässt und zehn Kollegen nicht in der Lage sind, dies zu verhindern oder jedenfalls das Spray dem Übeltäter sogleich wieder wegzureißen, zum anderen hätten sich die Polizeizeugen nicht nur von der Verteidigung, sondern auch vom Gericht und der Staatsanwaltschaft möglicherweise kritische Fragen nach der zumindest zweifelhaften Rechtmäßigkeit ihres Einsatzes mit elf Beamten in der Wohnung stellen lassen müssen.

Gefallen hat mir die Reaktion der Präsidentin des Kammergerichts, die in ihrem Antwortschreiben an den Anzeigeerstatter zunächst Verständnis für die schwierige Arbeit der Polizei geäußert und dann am Ende ausgeführt hat „mit Ihrem Vorwurf der Faulheit gegenüber dem Richter geraten Sie in den Grenzbereich strafbaren Verhaltens. Eine derartige inakzeptable Formulierung auf Ihrem Briefbogen als Mandatsträger dürfte Ihrem Anliegen schaden, auf den engagierten Einsatz vieler Polizeibeamten unter schwierigen Bedingungen hinzuweisen."

Dem ist nichts hinzuzufügen, außer der Erkenntnis, dass ich in diesem Fall vielleicht doch zurückhaltender in meiner Wortwahl hätte sein sollen.

XXII

Mord und Mauerfall

Mitte November 1989, vor wenigen Tagen ist die Mauer gefallen, ganz Berlin befindet sich im Ausnahmezustand; fremde Menschen liegen sich, zugleich lachend und weinend, in den Armen, 28 Jahre einer brutalen Trennung mit viel Schmerz, Leid und hunderten von Toten an der Berliner Mauer und der innerdeutschen Grenze sind überwunden. Wir Berliner in Ost und West haben Geschichte erlebt, im Osten sogar gestaltet, positive Geschichte, friedliche Geschichte, nicht im Fernsehen, sondern live und vor Ort. Auch jetzt bekomme ich noch eine Gänsehaut, da ich diese Zeilen schreibe und mir die euphorische Stimmung von damals noch einmal ins Gedächtnis zurückrufe.

Auch der 76-jährigen Elfriede Koslowski ging es im November 1989 so. Sie lebte seit Jahrzehnten in einer behaglichen Mietwohnung in Neukölln. Nie verheiratet gewesen, hatte sie zwei Söhne von zwei verschiedenen Männern, die sie nach deren Ableben testamentarisch bedacht hatten, so dass sie es dadurch zu einem bescheidenen Wohlstand gebracht hatte. Von einem ihrer Söhne hatte sie auch einen bereits erwachsenen Enkelsohn. Elfriede Koslowski, Ausländern gegenüber sonst eher ablehnend eingestellt und an den Thesen der „Republikaner" (wer kennt die noch? Sie sind ja ziemlich schnell in der Versenkung verschwunden, „und das ist auch gut so"!) interessiert, lernte am 10. November 1989 in einer Apotheke den 19-jährigen aus der Slowakei stammenden Dusan Slanina kennen. Dusan lebte seit einem halben Jahr in Ost-Berlin und hatte dort eine einige Jahre ältere attraktive Freundin gewonnen, der er auch finanziell meinte etwas bieten zu müssen und der er vorgeflunkert hatte, in Berlin (West) in einem Restaurant zu arbeiten; tatsächlich hatte er nur von Zeit zu Zeit Gelegenheitsjobs im Westteil der Stadt. Der junge Mann und die alte Dame kamen jedenfalls ins Gespräch, auch über die Herkunft von Dusan. Elfriede Koslowski hatte aus vergangenen Zeiten noch Bekannte in der Slowakei, und so entstand schnell eine Verbindung zwischen den beiden ungleichen Gesprächspartnern, die dazu führte, dass die alte Dame den jungen Mann gleich zu sich in die Wohnung einlud, nicht ohne zuvor noch ein Brathähnchen - Dusan aus Ost-Berlin unter dem Begriff „Broiler" bekannt - gekauft zu haben, das der hungrig wirkende junge Mann als sein Lieblingsessen bezeichnet hatte. Man unterhielt sich nett, der spontane Besucher verzehrte das Brathähnchen, schrieb auf einen Zettel seinen vollständigen Namen, damit seine neue Freundin sich ihn besser einprägen könne, und verabschiedete sich nach etwa zwei Stunden, wobei beide einen erneuten Besuch in der Wohnung bereits für die nächsten Tage vereinbarten. Elfriede Koslowski erzählte sowohl ihren Söhnen als auch ihren Freundinnen ganz begeistert von dem jungen Mann, den sie kennengelernt habe und der so sympathisch sei.

Schon am 15. November 1989 erfolgte der vereinbarte zweite Besuch, anlässlich dessen Dusan im Wohnzimmer seiner Gastgeberin auf deren Wunsch eine neue Gardinenstange anbrachte; dass die freundliche ältere Dame durchaus wohlhabend war, erkannte der junge Slowake sowohl an deren Kleidung als auch an der Einrichtung der Wohnung, beides zwar eher altmodisch, aber durchaus gediegen. Am 20. November 1989 erfolgte gegen 13 Uhr ein spontaner dritter Besuch. Diesmal kaufte Dusan S. kurz vor 13 Uhr ein Brathähnchen bei einem nahegelegenen Verkaufsstand und brachte dieses mit in die Wohnung der Elfriede Koslowski. Diese hatte sich für 13 Uhr 30 mit ihrer Freundin Trudchen Mahlke zu einem Friedhofsbesuch verabredet, den die beiden Damen gleichsam als „Hobby" einmal in der Woche durchzuführen pflegten. Um 13 Uhr hatte die Freundin noch einmal angerufen und bestätigt, dass sie in einer halben Stunde Elfriede in deren Wohnung abholen würde. Als Trudchen zur verabredeten Zeit dort erschien, öffnete die Wohnungsinhaberin trotz mehrfachen Klingelns nicht, was sich ihre Freundin nicht erklären konnte; sie konnte nicht wissen, dass Elfriede Koslowski in der halben Stunde zwischen dem Telefonanruf und dem Erscheinen an der Wohnung von Dusan erwürgt worden war. Dusan konnte bei seinem spontanen dritten Besuch den Verlockungen des ihm so beträchtlich erscheinenden Reichtums seiner Gastgeberin nicht widerstehen. Als diese das Badezimmer aufgesucht hatte, fing er an, die Wohnung nach Schmuck und Geld zu durchsuchen; dabei überraschte ihn Elfriede Koslowski und machte ihm sogleich heftige Vorwürfe. Voller Schreck und in Sorge, was jetzt passieren könnte, sprang Dusan S. auf die alte Dame zu, packte sie am Hals und fing an, sie zu würgen. Elfriede Koslowski wehrte sich verzweifelt, packte Dusan an den Händen und kratzte ihn, vergeblich. Dusan lockerte seinen festen Griff um den Hals seines Opfers nicht, bis die alte Dame leblos, erwürgt von ihrem jungen Besucher, zu Boden sank. Voller Panik und Hektik zog Dusan seinem Opfer lediglich einen Ring vom Finger, beließ dem Leichnam jedoch andere wertvolle Schmuckstücke und fand auch nicht die in einer Anrichte befindlichen knapp 1500,- DM Bargeld. Hastig verließ er die Wohnung und eilte zu seiner Freundin, die er zu ihrer großen Überraschung und auch Verwirrung veranlasste, sofort mit ihm zum Flughafen Schönefeld zu fahren und ohne jegliches Gepäck mit von Dusan kurzfristig besorgten und bezahlten Tickets nach Bratislava zu fliegen. Dort angekommen, kauften sie sich das Nötigste, auch von dem jungen Mann bezahlt. Bereits nach sieben Tagen kehrten die beiden jungen Menschen nach Berlin zurück, zunächst ohne dass in den nächsten Wochen, Monaten und Jahren im Hinblick auf die Tat etwas geschah, obwohl der Leichnam von den beiden Söhnen des Opfers, die von Trudchen Mahlke alarmiert worden waren, bereits am 22. November 1989 gefunden worden war. Anfang des Jahres 1993 - das junge Paar hatte inzwischen geheiratet, die Ehe war aber schnell wieder geschieden worden - geriet Dusan Slanina vorübergehend in den Verdacht, etwas mit dem gewaltsamen Tod von Elfriede Koslowski zu tun zu haben; dieser Verdacht ließ sich damals jedoch nicht erhärten und das gegen ihn eingeleitete Ermittlungs-verfahren wurde von der Staatsanwaltschaft eingestellt. Später ging Dusan eine weitere Ehe ein und lebte mit seiner zweiten Ehefrau und einem im Jahre 1997 geborenen Sohn unauffällig als solider Familienvater mit einer festen Arbeitstelle in Berlin.

Vielleicht hat sich alles so zugetragen, wie ich es geschildert habe; vielleicht war es aber auch anders.

Tatsache ist jedenfalls (heute würden viele formulieren: „Fakt ist"), dass Dusan S. im Februar 2015 - mehr als 25 Jahre nach dem gewaltsamen Tod von Elfriede Koslowski - plötzlich verhaftet und von der Staatsanwaltschaft wegen Mordes angeklagt wurde. Und wir Richter sollten nun nach so langer Zeit herausfinden, was damals geschehen war. Das war alleine schon vom Zeitablauf her eine anspruchsvolle Aufgabe. Zusätzlich wurde es noch schwieriger, weil die Kriminalpolizei seinerzeit - ob das mit der außergewöhnlichen Situation nach dem Fall der Mauer und der sich in der Folgezeit anbahnenden Vereinigung der beiden deutschen Staaten und damit auch der beiden Stadthälften von Berlin und der Verschmelzung der beiden Polizeien zu tun hatte, entzieht sich meiner Kenntnis - teilweise etwas unzulänglich ermittelt hat. Zwar wurde die Tatwohnung akribisch durchsucht und es wurden viele Fingerabdrücke gesichert, die teilweise dem Opfer, Familienangehörigen und Freundinnen zugeordnet werden konnten, während elf Abdrücke nicht identifiziert werden konnten. Auch wurden in der Wohnung Reste eines Brathähnchens und ein entsprechender Kassenbeleg vom 20. November 1989, 12 Uhr 49, stammend von einem Imbiss ganz in der Nähe der Wohnung des Opfers, gefunden. Die Polizei entdeckte auch den Zettel mit dem Namen „Dusan Slanina". Ihre Bemühungen, eine Person dieses Namens zu finden, verliefen jedoch im Sande, obwohl aufgrund der Angaben der beiden Söhne und der Freundinnen des Opfers hinsichtlich dieser Person, die möglicherweise die „Mauerfallbekanntschaft" des Opfers sein konnte, schnell ein gewisser Verdacht entstand. Hinweise auf einen unbekannten Täter oder auch einen Täter aus dem Kreise der Familie des Opfers ergaben sich für die Polizei nicht, drängten sich auch nicht auf. Obwohl Dusan Slanina nach seiner Rückkehr aus Bratislava ununterbrochen in Berlin gelebt hatte und bereits seit dem 10. Oktober 1990 auch melderechtlich hier erfasst war, wurde er erst im Januar 1993, also zwei Jahre und vier Monate später als dies möglich gewesen wäre, durch eine polizeiliche Routineanfrage ermittelt. Die Antwort auf die Frage, warum dies erst so spät geschah, blieb die Polizei schuldig. Am 26. Januar 1993 erfolgte dann - ohne die erforderlichen Belehrungen - eine sehr ausführliche polizeiliche Zeugenbefragung, an deren Ende Dusan Slanina eröffnet wurde, nunmehr sei er der Tötung der Elfriede Koslowski verdächtig und damit Beschuldigter; zugleich wurde er vorläufig festgenommen und kam auch in Untersuchungshaft. Der Staatsanwaltschaft reichten dann aber die vorliegenden Beweise für eine Anklage nicht aus, zumal die an den Fingernägeln der Leiche gefundenen DNA-Spuren mit den damals zur Verfügung stehenden wissenschaftlichen Methoden nicht ausgewertet werden konnten; sie stellte das Verfahren am 12. Februar 1993 ein, nachdem der junge Mann bereits am 8. Februar 1993 aus der Untersuchungshaft entlassen worden war. Er lebte fortan ein unauffälliges Leben in Berlin. Der Mord an Elfriede Koslowski blieb unaufgeklärt, die Akte verschwand im Archiv.

Mehr als 21 Jahre später, im Frühjahr 2014, sah einer der Söhne der Getöteten im Fernsehen eine Sendung über lange zurückliegende unaufgeklärte spektakuläre Kriminalfälle. Da erinnerte er sich wieder an die gewaltsame und weiterhin unaufgeklärte Tötung seiner Mutter, rief bei der Kriminalpolizei an und fragte, ob man nicht auch diesen Fall noch einmal überprüfen könne. Diesen Anruf nahm die Kriminalpolizei zum Anlass, erneut einen Blick in die Akten des Tötungsfalls Elfriede Koslowski zu werfen. Dabei stieß der jetzt zuständige Beamte auch auf die seinerzeit unauswertbaren DNA-Spuren und überlegte sich, ob sich aus diesen für den Fall neue Erkenntnisse ergeben könnten. Und siehe da, die Spezialisten des Landeskriminalamtes konnten aufgrund der im Laufe der Zeit erheblich verfeinerten Untersuchungsmethoden nunmehr feststellen, dass die an den Fingernägeln des Opfers gesicherten Spuren von einer männlichen Person stammten. Nunmehr wurde auch von dem seinerzeit verdächtigen Dusan Slanina eine Speichelprobe genommen und ein Vergleich beider Proben ergab mit einer Wahrscheinlichkeit von 1 zu 10 Milliarden, dass Dusan Slanina der Verursacher der Spuren an den Fingernägeln der getöteten Elfriede Koslowski war. Bedauerlich, dass die Polizei erst durch den Anruf des Sohnes dazu gebracht worden ist, erneut aktiv zu werden; besser wäre es gewesen, jedenfalls bei einem Kapitaldelikt wie in diesem Fall in regelmäßigen Abständen zu überprüfen, ob neue Ermittlungsansätze erkennbar werden. Denn nach über 21 Jahren des Nichtstuns waren alle hier in Betracht kommenden Delikte außer Mord verjährt, auch eine Anklage wegen Totschlags war nicht mehr möglich.

Aufgrund der neuen Erkenntnisse erging gegen Dusan Slanina erneut ein Haftbefehl und er wurde am 20. Februar 2015 festgenommen, sicher ein Schock für ihn und seine Familie. Die Staatsanwaltschaft erhob unter dem 27. April 2015 Anklage wegen Mordes und die Hauptverhandlung begann im September 2015. Der Angeklagte, ein ruhiger und nicht unsympathischer Mann von mittlerweile 45 Jahren, bestätigte seine Besuche bei der alten Dame am 10. und 15. November 1989 und auch die von ihm anlässlich des zweiten Besuches geleistete Hilfe bzgl. der Gardinenstange; dies erklärt auch das Vorhandensein von elf Fingerabdrucksspuren in der Tatwohnung, die dem Angeklagten mittlerweile zugeordnet werden konnten. Am 20. November 1989 sei er aber nicht in der Wohnung gewesen, habe an diesem Tag auch kein Brathähnchen gekauft, und der Flug mit seiner Freundin nach Bratislava sei auch nicht spontan erfolgt, sondern länger geplant gewesen. Letzteres hat seine damalige Freundin und spätere Ehefrau - auch nach nahezu 25 Jahren noch eine attraktive Erscheinung - zwar anders geschildert, die Kammer war aber nicht in der Lage, zuverlässig zu klären, ob in den damaligen turbulenten Zeiten eine spontane Flugbuchung von Schönefeld nach Bratislava überhaupt möglich war. Die Söhne konnten, was den angeblich geraubten Schmuck betraf, auch nicht wirklich weiterhelfen, da einer von ihnen bekundete, dass eine von ihm kurz nach der Tat als verschwunden bezeichnete Halskette doch bei ihm in einer Schatulle aufgetaucht sei. Die beiden Halbbrüder waren sich auch nicht so recht grün, und jeder behauptete bzgl. des jeweils anderen, dass er zumindest die Möglichkeit gehabt habe, Schmuck aus der Wohnung der Mutter verschwinden zu lassen. Dies führte dazu, dass im Laufe des Verfahrens der Mordverdacht, der die Wegnahme von Schmuck unmittelbar vor oder nach dem Erwürgen des Opfers vorausgesetzt hätte, auch nach Auffassung des Staatsanwaltes entfiel und wir daher am sechsten Verhandlungstag den Haftbefehl aufgehoben haben. Nun stand noch die Frage eines Totschlags im Raum; im Falle der Bejahung der Täterschaft des Angeklagten insoweit wäre aber wegen bereits eingetretener Verjährung eine Verurteilung nicht möglich gewesen, sondern das Verfahren hätte wegen eines Verfahrenshindernisses eingestellt werden müssen. Die Alternative dazu war ein Freispruch, letztlich hätte sich der Unterschied nur kostenmäßig ausgewirkt. Entscheidend war hier die Bewertung des DNA-Gutachtens. Nach diesem stand zwar zweifelsfrei fest, dass die an den Fingernägeln des Opfers gefundenen Spuren dem Angeklagten zuzuordnen waren; die Gutachterin konnte aber keine Aussage dazu machen, wie die Spuren dorthin gelangt sind, zumal nach so langer Zeit nicht mehr zu klären war, ob die Spuren an oder unter den Fingernägeln gefunden worden sind. An die Fingernägel können die Spuren auch durch Sekundarübertragungen wie etwa beim Händeabtrocknen und damit völlig unverfänglich gelangt sein.

Auch der „Broiler-Bon" half nicht wirklich weiter; denn obwohl es unwahrscheinlich ist, dass das Opfer selbst oder eine unbekannte dritte Person kurz vor 13 Uhr des Tattages das Brathähnchen gekauft und in die Wohnung mitgebracht hat, so konnte diese Handlung doch nicht zweifelsfrei dem Angeklagten zugeordnet werden. Der Staatsanwalt war gleichwohl der Auffassung, der Angeklagte sei des Totschlags überführt und beantragte daher Einstellung des Verfahrens und die Kostentragungspflicht des Angeklagten; die Verteidiger beantragten Freispruch.

Insgesamt kamen wir in der intensiven und kontroversen Beratung letztlich zu dem Ergebnis, dass vieles für die Täterschaft des Angeklagten sprach und weniges dafür, dass ein unbekannter Dritter oder einer der Söhne oder der Enkelsohn des Opfers der Täter war, da konnten die Verteidiger noch so sehr auf dieser These herumreiten. Aber eine zweifelsfreie

Überzeugung von der Täterschaft des Angeklagten vermochten wir uns nicht zu bilden, so dass er am 9. November 2015 und damit genau 26 Jahre nach dem in diesem Fall besonders bedeutsamen Mauerfall freigesprochen wurde.

Erneut (nach der Ermordung der schönen Lettin) mussten wir ein Tötungsdelikt ungeahndet lassen. Nach dem Urteilsspruch kam der Angeklagte zu mir an den Richtertisch und sagte „Herr Vorsitzender, ich war es wirklich nicht!"

Das gab mir zusätzlich zu denken.

XXIII

Die Lachnummer

Die vom Fernsehsender RBB täglich um 19 Uhr 30 ausgestrahlte Sendung „Berliner Abendschau" ist eigentlich eine seriöse, informative und unterhaltsame Angelegenheit mit sympathischen Moderatoren, durch die sich viele Berliner - unter ihnen häufig auch ich - über das tägliche Geschehen in unserer Stadt informieren lassen. Auch die Beiträge über Prozesse aus Moabit sind in der Regel sachlich und informativ. Es gibt aber auch Ausnahmen, und von einer dieser Ausnahmen, gesendet am 12. Mai 2016, handelt diese Geschichte.

Alles fing gut vier Jahre vorher, im März 2012, an. Der zwanzig Jahre und fünf Monate alte Caner M., türkischer Staatsangehöriger, aber seit seinem zweiten Lebensjahr in Berlin lebend, spielte mit mehreren gleichaltrigen Kumpels und einigen etwas älteren Männern auf einem Neuköllner Bolzplatz Fußball. Und, wie es beim Fußball so ist (ich kenne das aus eigener Erfahrung), nach einem verunglückten Pass gibt es Gemoser von den eigenen Mannschaftskollegen, so auch, als Caner eine Aktion total missglückte. Er wurde von einem Mitspieler angeblafft, er solle sich vom Acker machen, wenn er nicht mal einen einfachen Pass spielen könne. Caner, jüngstes von insgesamt sechs Kindern und nach dem erweiterten Hauptschulabschluss und einer abgebrochenen Ausbildung jetzt mit einem monatlichen Nettoeinkommen von etwa 800,- € als Taxifahrer noch bei Papa und Mama lebend, war es gewohnt, bei allen Schwierigkeiten sogleich einen seiner älteren Brüder um Hilfe zu ersuchen. Auch diesmal rief er - so lächerlich das in der konkreten Situation auch erscheinen mag - per Funktelefon einen seiner Brüder herbei, der auch wenige Minuten später erschien. Caner weinte sich bei ihm aus und schilderte dabei die Situation in einer Weise, dass er doch eher in einem guten Licht erschien. Und ohne dass man genau wusste weshalb - so was kann in Neukölln ganz schnell gehen - entwickelte sich plötzlich unter einem Großteil der am Fußballspiel beteiligten Personen eine Schlägerei, in die auch zwei der etwas älteren Mitspieler deutscher Herkunft, nämlich der 40-jährige Rico Schulz und der 34-jährige Maik Röder verwickelt wurden, die beide der gegnerischen Mannschaft angehört hatten und mit der Beschimpfung des empfindsamen Caner überhaupt nichts zu tun hatten. Aus unerfindlichen Gründen richtete sich im Laufe der Schlägerei die Wut der daran beteiligten jungen Männer, die außer Rico Sch. und Maik R. alle einen Migrationshintergrund hatten, gegen die beiden Deutschen. Diese schlugen zunächst kräftig zurück, wobei auch Caner einiges abbekam, mussten sich dann aber mit diversen Blessuren vor der Übermacht zurückziehen und flüchteten auf Umwegen schließlich in die Wohnung des Rico Schulz.

Caner fühlte sich durch die ganze Angelegenheit in seiner Ehre gekränkt (erstaunlich, dass insbesondere die jungen Menschen, die in ihrem Leben bisher nicht viel auf die Reihe bekommen haben, insoweit besonders empfindlich sind), dies vornehmlich deshalb, weil seine ebenfalls zum Ort des Geschehens geeilte Mama mitbekommen hatte, wie er von Maik R. zwei kräftige Faustschläge abbekommen hatte. Er wollte daher die Angelegenheit mit den beiden „Deutschen", auf die sich seine Wut richtete, möglichst umgehend „klären" (was in seinen Kreisen in der Regel zumindest eine körperliche Auseinandersetzung, wenn nicht Schlimmeres, bedeutet) und trommelte zu diesem Zweck einige Stunden später eine größere Anzahl von Freunden und Bekannten zusammen, weil er sich alleine nicht getraute, die beiden Deutschen aufzusuchen. Seinen Kumpels erzählte er wahrheitswidrig eine Story, wonach die beiden Deutschen die Übeltäter seien und er das unschuldige Opfer von deren Attacken geworden sei. Am späten Nachmittag gegen 18 Uhr fuhr nun eine Gruppe von 15 bis 20 Personen (außer Caner war keiner bei dem Fußballspiel dabei gewesen) mit mehreren PKWs zur Wohnanschrift von Rico Schulz. Die Gruppenmitglieder, mit einer oder zwei Ausnahmen allesamt junge Männer mit Migrationshintergrund, waren zum Teil mit Schlagstöcken, Messern und in einem Fall mit einem Samuraischwert bewaffnet. Allen war klar, dass eine tätliche Auseinandersetzung zumindest möglich, eher sogar wahrscheinlich war. An der Wohnung von Rico Schulz angekommen, forderte die Gruppe lautstark, dass dieser und Maik, dessen Anwesenheit sie dort zutreffend vermuteten, rauskommen sollten. In dieser Situation tat Rico etwas Vernünftiges; als er nach einem kurzen Blick aus dem Fenster die große und teilweise bewaffnete Schar aufgebrachter junger Männer sah, zog er es vor, durch einen Hinterausgang das Weite zu suchen und so einer Auseinandersetzung zu entgehen. Maik war nicht so klug, wollte vielleicht auch nicht feige erscheinen und tat daher etwas in zweifacher Hinsicht Unüberlegtes; er wollte sich der erzürnten Gruppe zum „Dialog" stellen und ergriff zu diesem Zweck, da auch er mit der Möglichkeit einen tätlichen Auseinandersetzung rechnete, ein Küchenmesser, das er in seinen Hosenbund steckte. Kaum hatte Maik die Wohnung und das Haus verlassen, entwickelte sich zwischen ihm und Caner M. ein Wortgefecht, das schnell hitzig wurde. Im weiteren Verlauf griff eine unbestimmte Anzahl von Gruppenmitgliedern den Maik an, der 18-jährige Yussuf O. setzte dabei den ersten Faustschlag in dessen Gesicht, weitere Faustschläge anderer Personen folgten. Caner beteiligte sich nicht aktiv an den körperlichen Attacken, rief aber aus wenigen Metern Entfernung seinen Kumpels zu „Schlagt zu, schlagt zu!" Maik wehrte sich, ging aber infolge der Übermacht zu Boden. In dieser Situation ergriff er das im Hosenbund steckende Küchenmesser und versetzte damit dem ihn weiter angreifenden Yussuf zwei Stiche in den Oberkörper. Als ein anderes Mitglied aus der Gruppe das Messer bei Maik bemerkte und laut rief „er hat ein Messer!", zudem ein ebenfalls anwesender Freund von Rico und Maik eine Machete drohend über seinem Kopf schwang, endeten die Attacken der Gruppe schlagartig und alle liefen davon; Yussuf wollte auch flüchten, brach aber nach wenigen Metern zusammen und verstarb an einem tödlichen Herzdurchstich. Der bei der Auseinandersetzung ebenfalls erheblich verletzte Maik Röder floh nun seinerseits vom Tatort.

Maik Röder wurde von der Kriminalpolizei sehr schnell als Täter ermittelt. Er stellte sich bereits am Folgetag freiwillig bei der Polizei und wurde vorläufig festgenommen, jedoch am nächsten Tag wieder entlassen, ohne dass ein Haftbefehl gegen ihn ergangen wäre. Dies erzürnte vornehmlich die türkische Community in Neukölln zutiefst; es gab erregte Diskussionen, auch Demonstrationen und schwere Vorwürfe gegen Polizei und Justiz, die einseitig ermitteln würden. Die Emotionen schwappten sehr hoch. Nachdem aus beiden „Lagern" eine Vielzahl von Zeugen vernommen worden war, zudem auch einige neutrale Zeugen, die Spurenlage sorgfältig ausgewertet worden war, die Gerichtsmediziner sowohl die tödlichen Verletzungen von Yussuf als auch die Verletzungen von Rico und Maik dokumentiert und bewertet hatten, kam die Staatsanwaltschaft im Juni 2013, also fünfzehn Monate nach dem Geschehen, zu dem Schluss, dass Maik Röder in Notwehr gehandelt habe; folgerichtig stellte sie das Ermittlungsverfahren gegen ihn ein, eine aus meiner Sicht richtige, zumindest vertretbare Entscheidung. Die Familie des getöteten 18-jährigen Yussuf und viele seiner Freunde waren empört, aber alle gegen die Einstellung unternommenen rechtlichen Schritte waren erfolglos, im Dezember 2013 stand die Entscheidung endgültig fest.

Nun richteten sich die Ermittlungen von Polizei und Staatsanwaltschaft gegen Caner M. und die übrigen Mitwirkenden an dem „Rachezug" zur Wohnung von Rico Schulz; ermittelt wurde wegen „Beteiligung an einer Schlägerei", was dann strafbar ist, wenn dabei ein Mensch zu Tode kommt. Für die Erfüllung des Tatbestandes unerheblich ist dabei, ob jemand aus dem gegnerischen oder dem eigenen Lager zu Tode kommt. Das konnten nun Caner und seine Freunde überhaupt nicht verstehen, dass gegen sie ermittelt wurde, wo doch ihr Kumpel Yussuf bei dem Geschehen von jemandem von der Gegenseite getötet worden war.

Da ein längerer Zeitablauf auch Emotionen abkühlen lässt, war es vielleicht ganz gut, dass sich die Ermittlungen in die Länge zogen und die Staatsanwaltschaft erst unter dem 29. Juni 2015 Anklage gegen Caner und elf seiner Begleiter erhob, und zwar dem Gesetz entsprechend zunächst zum Jugendschöffengericht. Das Jugendschöffengericht hat sich auch Zeit gelassen und die Akten erst am 28. Januar 2016 gemäß einem schon in der Anklageschrift enthaltenen Antrag der Staatsanwaltschaft dem Landgericht im Hinblick auf den besonderen Umfang der Sache vorgelegt. Wir in der Strafkammer 9 waren   - wie fast immer - ziemlich schnell und haben die Sache durch Beschluss vom 16. März 2016 übernommen und die Hauptverhandlung auf mehrere Verhandlungstage schon ab dem 12. Mai 2016 terminiert. Das relevante Geschehen lag zu diesem Zeitpunkt vier Jahre und zwei Monate zurück.

Bei der Vorbereitung der Hauptverhandlung stellte ich fest, dass alle zwölf Angeklagten - elf mit Migrationshintergrund und ein sogenannter „Biodeutscher" - in der Zwischenzeit im bürgerlichen Leben mehr oder weniger Fuß gefasst hatten; die meisten hatten einen Job oder eine Ausbildungsstelle, einige waren verheiratet, manche hatten schon Kinder, also ein eher erfreuliches und für unsere sonstigen Angeklagten eigentlich untypisches Bild. Da die vorgeworfene Tat aus Gründen, die jedenfalls die Angeklagten nicht zu vertreten hatten, schon lange zurücklag und überdies nicht verkannt werden konnte, dass bei dem Geschehen einer ihrer Freunde zu Tode gekommen war, war für einen erfahrenen Richter - und zu denen konnte ich mich wohl wirklich zählen - von vornehrein klar, dass im Falle einer Verurteilung keine erheblichen Strafen verhängt werden würden. Mir lag zudem daran, die seinerzeit extrem hoch gekochten Emotionen niedrig zu halten und ein Wiederaufflammen derselben möglichst zu verhindern. Deswegen hatte ich auf die Ladung der beiden unmittelbar beteiligten Zeugen Rico Schulz und Maik Röder zunächst verzichtet und nur „neutrale" Zeugen laden lassen; darüber hatte ich die zwölf Verteidiger und die Staatsanwaltschaft vorab informiert, alle Seiten waren mit diesem Vorgehen einverstanden.

Am ersten Verhandlungstag, dem 12. Mai 2016, wies ich nach Erledigung der üblichen Formalitäten wie Feststellung der Anwesenden, Erörterung der Personalien und Verlesung der Anklageschrift und nach zuvor erfolgter Abstimmung mit den Kammerkollegen und den Schöffen die Angeklagten, die Verteidiger und die Vertreterin der Staatsanwaltschaft, die zugleich die Anklageverfasserin war, auf die oben dargelegten besonderen Umstände hin, dies verbunden mit dem Hinweis, dass es im Falle einer Verurteilung wegen der ungewöhnlichen Häufung strafmildernder Umstände jedenfalls nicht zur Verhängung von Rechtsfolgen kommen würde, die mit einer Freiheitsentziehung verbunden wären. Dieser Hinweis wurde von allen Verfahrensbeteiligten positiv aufgenommen und das Verfahren begann in einer unaufgeregten sachlichen Atmosphäre.

Um so erstaunter war ich, am Abend desselben Tages in

der oben erwähnten „Abendschau" des RBB einen Beitrag von einem eigentlich langjährig erfahrenen Gerichtsreporter zur Kenntnis nehmen zu müssen, in dem er über den „merkwürdigen" Beginn des Verfahrens und insbesondere meine Hinweise zu den möglichen Rechtsfolgen in einer von mir als äußerst unsachlich empfundener Weise herzog; sein Beitrag gipfelte schließlich in der Bemerkung, das gesamte Verfahren sei eine „Lachnummer". Mit seiner von wenig Sachkunde gekennzeichneten Reportage hat er auch den ansonsten von mir durchaus geschätzten Moderator der Sendung angesteckt, der sich ähnlich verständnislos äußerte. Möglicherweise hat man bei den Verantwortlichen der „Abendschau" schnell erkannt, dass dieser Beitrag doch etwas daneben geraten war, denn schon am übernächsten Tag war er aus der Mediathek, wo ich ihn mir noch einmal in Ruhe ansehen wollte, verschwunden.

Das Verfahren lief an den nächsten Verhandlungstagen ruhig weiter. Die Frage einer Einstellung gegen Bußzahlung wurde erörtert; sowohl die Staatsanwältin als auch die Kammer waren hinsichtlich der meisten der zwölf Angeklagten offen für eine derartige Beendigung des Verfahrens, aber nur für den Fall, dass von den jeweiligen Angeklagten zuvor ein Geständnis abgegeben würde. Und ein Angeklagter nach dem anderen gab über seinen Verteidiger (diese Vorgehensweise ist in Moabit inzwischen allgemein üblich) ein Geständnis ab, so dass die Kammer die jeweiligen Verfahren abtrennen und gegen eine Geldauflage, deren Höhe sich nach den finanziellen Möglichkeiten und der Intensität der Beteiligung an der Tat richtete, vorläufig einstellen konnte. Wenn es die „political correctness" erlauben würde, würde ich sagen, ich kam mir vor wie in dem Kinderlied „zehn kleine Negerlein", denn wir stellten nach und nach das Verfahren gegen zehn der zwölf Angeklagten ein. Alle zahlten die ihnen auferlegte Geldbuße binnen kürzester Zeit. Gegen den ebenfalls geständigen Caner M., der mit seiner

Weinerlichkeit beim Fußballspiel und der späteren Lügenge-
schichte das ganze verhängnisvolle Geschehen in Gang gesetzt
hatte, verbot sich eine Einstellung; er wurde am vierten Verhandlungstag durch Urteil vom 30. Mai 2016 der Beteiligung
an einer Schlägerei schuldig gesprochen und deswegen zu einer
Geldbuße von 1000,- € verurteilt, ein weiterer schon erwach-
sener Angeklagter, der bei der Tat eine intensivere Rolle als die
anderen gespielt hatte, wurde zu einer Geldstrafe verurteilt.

Auch in der Rückschau kann ich sagen, dass ich in diesem
Verfahren richtig vorgegangen bin; das haben alle, die mit diesem Prozess in irgendeiner Weise zu tun hatten, erkannt - bis
auf einen.

XXIV

Mein letzter Fall

Lange habe ich darauf gewartet, eine mir geeignet erscheinende Akte für mein letztes Strafverfahren in Moabit auf den Schreibtisch zu bekommen. Es sollte eine erstinstanzliche Sache und keine Berufungssache nur zum „Wiederkäuen" sein. Es sollte sich auch um eine für die Jugendkammer typische Straftat handeln. Das von mir erhoffte Verfahren sollte auch an meinen letzten drei turnusmäßigen Sitzungstagen Ende März 2017 erledigt werden können, denn ich gehöre nicht zu der Spezies von Staatsbediensteten, die in den Wochen vor der Pensionierung den noch offenen Resturlaub nehmen. Ich wollte die letzten Tage meiner Jahrzehnte während Richtertätigkeit in Moabit bewusst wahrnehmen und - soweit möglich in dieser Branche - „genießen".

Die Staatsanwaltschaft tat mir - natürlich unbeabsichtigt; wir haben ja den gesetzlichen Richter - den Gefallen und klagte zum genau geeigneten Zeitpunkt die Sache an, auf die ich gewartet hatte. Ein junger Mann, einmal mehr mit Migrationshintergrund (leider auch das für die Jugendkammer typisch), wurde beschuldigt, zusammen mit einem noch nicht angeklagten Mittäter zwei Überfälle auf „Spätis", die in Berlin auch als sozialer Treffpunkt so beliebten Spätkaufe, wo es neben allerlei lebensnotwendigen Dingen wie Zigaretten und alkoholischen Getränken stets auch die Möglichkeit zu einem späten Plausch gibt, begangen zu haben. Der in Berlin geborene junge Mann von 19 Jahren, dessen Eltern aus dem Libanon stammten, hatte eine für viele meiner Angeklagten typische „Karriere" hinter sich gebracht; er hatte die von ihm wiederholt besuchte neunte Klasse der Hauptschule ohne Abschluss verlassen, verspielte sein Geld - woher auch immer das stammte - an Spiel-

automaten, lebte, nachdem sein Vater ihn „rausgeschmissen"
hatte, eine Zeitlang im „Betreuten Einzelwohnen" und brach
einen Lehrgang zu einer beruflichen Qualifizierung nach nur
zwei Monaten wieder ab. Bei diesem Werdegang verwundert
es nicht, dass unser Angeklagter in der Vergangenheit bereits
dreimal, wenn auch nur zu recht maßvollen Rechtsfolgen, verurteilt werden musste.

Am 16. Dezember 2016 entschloss sich der wieder einmal
klamme Angeklagte Mohamad Ogulcan, gemeinsam mit
einem Kumpel einen Spätkauf in Kreuzberg zu überfallen;
der Mittäter sollte den Angestellten mit einem Klappmesser
bedrohen, damit Mohamad zugleich das Bargeld aus der Kasse
entwenden könnte. Gegen 22 Uhr 30 betraten sie gemeinsam
das Ladengeschäft, in dem der in Frauenkleider gewandete
transsexuelle Angestellte Timo Harnack - er hatte eine gewisse Ähnlichkeit mit der Sängerin Conchita Wurst - gerade
am Staubsaugen war. Der Mittäter bedrohte ihn absprache-
gemäß mit dem Klappmesser, was Timo Harnack aber nicht
beeindruckte; er setzte sich mit deutlichen Worten gegen den
Überfall zur Wehr. In dieser Situation stach der Mittäter - für
Mohamad Ogulcan gänzlich überraschend und mit ihm nicht
abgesprochen - zu und verletzte den Angestellten mit einem
acht cm tiefen Stich in den Unterbauch unter Verletzung auch
der Leber schwer. Der Verletzte schrie extrem laut auf, es entstand ein Chaos, und in Verwirrung und Schrecken stürzten
beide Täter ohne Beute aus dem Laden und flüchteten. Was sie
nicht wussten, war der Umstand, dass der Überfall jedenfalls
teilweise von der Überwachungskamera des Geschäfts auf-
gezeichnet worden und akustisch vollständig zu hören war.
Timo Harnack kam sofort ins Krankenhaus, wo er zunächst
notärztlich versorgt wurde und sodann fünf Tage verbleiben
musste; die Wunde ist erfreulicherweise gut verheilt, aber es
sind Narben vom Stich und von der OP zurückgeblieben.

Mohamad O. war durch die völlig aus dem Ruder gelaufene
Tat nach eigenen Angaben in einem so hohen Maße geschockt,
dass er sich drei Tage später mit demselben Mittäter erneut
für einen Überfall auf einen Spätkauf verabredete. Am späten
Abend des 19. Dezember 2016, dem Tag des verhängnisvollen
Mordanschlages am Breitscheidplatz, begaben sich die beiden
Täter zu einem anderen „Späti", um wiederum unter Vorhalt
eines Messers Bargeld aus der Kasse zu entwenden. Auch diese
zweite Tat verlief nicht ganz so, wie die beiden Täter es geplant
hatten. Zwar gelang es unserem Angeklagten, aus der Kasse
200,- € zu entwenden, während der Mittäter die anwesende
Angestellte mit einem Messer bedrohte; plötzlich erschien aber
aus einem Hinterzimmer der Freund der Angestellten, ein junger Mann namens Ali, der zu einem der bereits mehrfach erwähnten kriminellen arabischen Clans gehört. Dieses nicht
erwartete Erscheinen einer weiteren Person hatte zur Folge,
dass die beiden Täter auch diesmal überstürzt flüchten mussten. Draußen trennten sie sich; während Mohamad O. mit der
Beute unerkannt entkommen konnte, verfolgte Ali den Mittäter, holte ihn ein und beschränkte sich nun nicht darauf, ihn
dingfest zu machen, was ihm rechtlich gestattet gewesen wäre,
sondern prügelte ihn ins Koma, aus dem der Mittäter erst nach
Wochen erwachte. Dieser völlig übertriebene und durch nichts
gerechtfertigte Gewaltausbruch führte natürlich wiederum zu
einem Strafverfahren gegen Ali, nicht seinem ersten.

Da die Polizei ihre Taktik, was die Veröffentlichung von Überwachungsvideos betraf, nach dem Anschlag vom Breitscheidplatz geändert hatte und dazu sehr viel schneller als in der
Vergangenheit bereit war, erschienen die Bilder aus dem ersten
Überfall bereits nach wenigen Tagen im Internet. Freunde von
Mohamad machten ihn darauf aufmerksam und er zog es vor,
sich nach Ansehen der Bilder am 3. Januar 2017 bei der Polizei

zu stellen, ein weiteres Beispiel dafür, dass Überwachungsvideos zwar keine Straftaten verhindern können, aber für deren Aufklärung äußerst hilfreich sind (dies sei den Kritikern solcher Maßnahmen ins Stammbuch geschrieben). Mohamad Ogulcan kam in Untersuchungshaft, die Staatsanwaltschaft erhob zügig Anklage und so konnte ich die Sache auf den 23., 27. und 30. März 2017, meine drei letzten Verhandlungstage, terminieren.

Der Verteidiger, ein sachlicher und vernünftiger Vertreter seines Faches, fragte mich nach Anklageerhebung, wie die Kammer die Haftsituation sähe; ich bedeutete ihm nach Rücksprache mit den Kollegen, dass im Falle eines Geständnisses eine Haftverschonung nach Urteilsverkündung denkbar sei, vorher aber nicht. Ich wies den Verteidiger auch darauf hin, dass eine Fortsetzung der Verhandlung über den 30. März 2017 hinaus wegen meiner Pensionierung nicht möglich sei. Damit hatte ich weitgehend sichergestellt, dass es nicht zu das Verfahren verzögernden Anträgen kommen würde, denn mit diesen würde der Verteidiger die immerhin mögliche Haftentlassung seines Mandanten auf nicht absehbare Zeit verhindern.

Die Hauptverhandlung verlief dann reibungslos. Der Angeklagte war hinsichtlich beider Taten geständig, vermochte uns allerdings nicht wirklich zu erklären, weshalb die Schockwirkung nach der ersten Tat so schnell verpufft war, dass er bereits drei Tage später die nächste Tat beging. Am ersten Tag hörten wir auch die beiden unmittelbar geschädigten Zeugen an, am zweiten Tag noch einige Polizeibeamte. Der von mir ebenfalls geladene Zeuge Ali erschien nicht, seine Verteidigerin, eine junge Anwältin, die nicht immer die insbesondere bei einer derartigen Klientel erforderliche Distanz zu ihren Mandanten wahrt, reichte eine sich nur auf den Tag der Zeugenladung erstreckende Krankschreibung ein, eher befremdlich, uns aber angesichts des Geständnisses letztlich egal. Dann wollten wir noch das Überwachungsvideo ansehen, und da gab es wieder eine für Moabit typische Szene; im Kriminalgericht ist es nämlich nicht so wie bei Richter Alexander Hold, dem jedenfalls bei SAT 1 immer modernste Technik zur Verfügung steht und der auch zu deren Bedienung in der Lage ist. Im Saal 817 standen drei Richter, zwei Schöffen, ein Staatsanwalt, ein Verteidiger, ein Angeklagter und in der zweiten Reihe noch der Vertreter der Jugendgerichtshilfe und die Wachtmeister um ein kleines Laptop herum, das auf dem Zeugentischchen stand. Erst wusste wieder keiner, wie es zu bedienen war; als es dann schließlich meinem jungen Kollegen gelungen war, die DVD einzulegen und irgendwie auch zum Abspielen zu bringen, mussten wir feststellen, dass nichts zu sehen war; DVD und Laptop waren wohl nicht kompatibel. Aber wenigstens konnten wir den Ton hören, insbesondere den lauten, geradezu markerschütternden Schrei des Zeugen Harnack, nachdem er den Messerstich erhalten hatte. Das reichte uns.

Wir hörten die Plädoyers und das letzte Wort des Angeklagten und am 30. März 2017 habe ich schließlich mein letztes Urteil verkündet. Der Angeklagte wurde wegen der beiden Taten zu einen Jugendstrafe von zwei Jahren und sechs Monaten verurteilt und wir haben ihn, obwohl dies ja eine in der Jugendstrafanstalt zu verbüßende Strafe ist, zunächst einmal aus der Untersuchungshaft entlassen. Zum Ende meiner mündlichen Urteilsbegründung machte ich noch einige allgemeine Ausführungen, in denen ich mich bei allen Beteiligten (Richterkollegen, Schöffen, Staatsanwalt, Verteidiger, Protokollführer, Jugendgerichtshilfe, Wachtmeister), stellvertretend für die Gesamtheit dieser Berufsgruppen, für die in den Jahrzehnten trotz mancher Kontroverse doch grundsätzlich gute Zusammenarbeit bedankte.

An den Angeklagten gewandt, bemerkte ich „ich weiß nicht genau, ob ich mich auch bei Ihnen bedanken kann, aber ohne

Angeklagte wäre es jedenfalls auch nicht gegangen." Als ich eben im Begriff war, meine Ausführungen zu beenden, ging die Tür auf und sechs oder sieben mir aus vielen Verfahren gut bekannte Strafverteidiger betraten den Sitzungssaal, angeführt von dem eloquenten Verteidiger aus dem „Verlobten-Fall". Er überreichte mir einen stattlichen Blumenstrauß - etwa doppelt so groß wie der, den ich am nächsten Tag, meinem nun wirklich letzten Arbeitstag, von unserer neuen Gerichtspräsidentin bekam - und verabschiedete mich namens der Anwaltschaft mit einigen netten und auf mich persönlich eingehenden Worten. Diese für mich völlig unerwartete Geste (ich weiß bis heute nicht, ob meine Kollegin da ihre Finger im Spiel hatte) von Vertretern der Berufsgruppe, mit der es mitunter doch durchaus auch Kontroversen gegeben hatte, hat mich sehr gefreut. Als ich zum Angeklagten, der sich wegen einiger vor der Entlassung noch zu erledigender Formalitäten noch im Saal befand, bemerkte „da haben sie heute eine wahrhaft historische Sitzung mitgemacht", entgegnete dieser trocken „ich habe ja die Taten nur begangen, um an dieser Verhandlung teilnehmen zu können." Mein letzter Angeklagter war ein humorvoller Typ.

Insgesamt habe ich diese Verhandlung als gelungenen Abschluss meiner langen Richterlaufbahn angesehen.